渡り歩き

岩田 宏

JN215355

草思社文庫

渡り歩き◉目次

渡り歩き

箸休め

渡り歩き（続き）

雑談

本文写真撮影　吉村誠司

渡り歩き

幻灯機

せっかく買った本を、なぜ読まないのか。読むあてもない本を、どうして私蔵（死蔵）するのか。……いくたび自問しても、なかなか確実な答は出てこない。いつかは読むだろうとか、それはただの怠慢だとかいうのは、あやふやな答でしかないと思う。先がそれほど長くもなくなってきた今、２ＤＫの室内にはまだ読んでいない本が溢れている。というのは誇張で、本箱や本棚の随所から、一度読まれて満ち足りた本とは異なる、何やら恨めしげな本がこちらの様子を窺《うかが》っている、といえば実情に近いだろうか。

愛書家でもなければ勉強家でもない、怠惰でもなければ勤勉でもない私としては、面倒な仕事を片づけるように、気持をせいぜい奮い立たせて、未読の本と取り組むしかないのかもしれないが、相手は何百冊、ひょっとすると千冊を超える数で、（私は速読家でもないから）命あるうちに全部読めるかどうか甚《はなは》だ心許ない。いや、これもまた単なる修辞だ。心許ないどころか、一冊残らず征伐することはまず不可能と見なければならない。

このへんで、当然の疑問が湧いて出る。なぜあくせく本を読むのか。読まなくても構わないのではないのか。そう、冒頭の疑問は、つきつめれば、一つに収斂《しゅうれん》する。すなわち、「なぜ本を手に入れて読もうとするのか」という疑問に。更には、「なぜ本……？」という、収斂した筈なのに茫漠とした、一摑みにしにくい、尻切れとんぼの難問さえ現れる。

全く、本など手元になくても何ら不都合が生まれないことは、私たちの常識だ。同胞の過半数あるいは圧倒的多数が本なんか読みゃしないという事実を、もし忘れかけていたのなら、もういちど頭に叩きこんでおこう。叩きこんだ上で、なおかつ私は本を読む。本から本へと渡り歩く。これは一体どういうことなのか。

説明は、理由は、徐々にかたちづくられるだろう。焦ることはない。

＊

一九五〇年代の終り頃、東京のどこかの古本屋（場所も店の名も完璧に忘れてしまった）から私の手元へと、一冊の洋書のありかが移った。それから四十年間、歳月に耐え、数えるのも面倒なほど繰り返された引っ越しにも耐えて、この本は私の住居に逼塞《ひっそく》しつづけた。

『The life and death of a Spanish town』

著者はエリオット・ポール。聞いたことのない名前だ。しかし、この本はランダムハウス社の有名な叢書《そうしょ》「モダン・ライブラリー」の一冊で、この叢書のマーク、松明《たいまつ》を掲げて走っている人の姿は、四十年前の私にもすでにお馴染みだった。

見返しの「遊び」のほうの裏には、元の所有者の名前と購入年と購入場所がしるされていた。ドン・ハワード、一九四四年、までは判読できたが、外人独特の崩れた書体なので、購入場所はどうしても読み取れない。今頃どこにいるのか、生死も不明だが、ドン・ハワードよ、永い間この本を持っていただけで読みもしなかった私を許しておくれ。

どうしてこれを買い求める気になったのかは、今の私にはよくわかる。この本の見返しには、両面にわたって、物語の舞台であるサンタ・エウラリア・デル・リオという田舎町の地図が、イラストマップふうに描かれているのだ。まずは、この町名の音の美しさが若かった私を牽《ひ》きつけたに相違ない。まるで、ポーの詩にでも出てきそうな名前ではないか。いや、出てきそう、ではない。ポーには実際に「ユーラリイ」という詩篇がある（これはもちろんエウラリアの英語読み）。

そして目次を見れば、この本の第一部が紀元前四〇〇〇年から紀元後一九三六年までを、第二部が一九三六年七月十四日から九月十五日までを、それぞれ扱っていることはすぐわかる。つまり、これはスペイン内戦に関する本なのだった。

一九三六年に勃発したスペイン内戦を、当時の日本では、ごく少数の知識人や専門家を除いて、大多数が、遠い遠い国の出来事、自分たちとは無関係な事件と見ていただろうし、人によっては内戦の事実すら、ごく漠然としか知らなかったのではないだろうか。だが時が経って、一九五〇年代の私たちは、それがファシスト反乱軍と共和国軍の戦いであったこと、ヨーロッパ各国やアメリカの青年たちがファシストと戦うべくスペイン入りしたこと、結局は共和派が無惨な敗北を喫したことなどを、知識としては知っていた。ソルジェニツィンがいつか言った通り、この世で正義が行われないのは何もきのうや今日始まったことではない。それにしても、一体全体どうして……？　という大疑問は私たちの中に巣くっていた。ドイツでも日本でもイタリアでも惨敗したファシズムが、どうしてスペインでは罷《まか》り通っていたのか。

右のような一般的知識とは別に、あるいは一般的知識をも含めて、一九三二年生まれの私個人には、自分の誕生前後のことを知りたいという抜きがたい欲望があったと思う。

人がほんとうに生き始めるのは、いわゆる学齢期以後のことではないだろうか。他人との接触や、たくさんの文字や数字、流行《はや》り歌や風評などを通して、人は時代を感得し、個としての自分が生きていることを刻々実感する。赤ん坊は母親の乳を吸ってはいるが、時代の空気は吸っていないも同然だ。つまり私は幼い頃の事件や事情を知りたいというより、その頃の空気そのものを取り入れたい。そうすることによって、私の生はより充実するだろう。できれば誕生以前の何年間かの空気も吸いこんで、生をいっそうふくらませたい。というわけで、私の興味と関心は一九二〇年代と三〇年代に集中していた。こういう考え方は現在もほとんど変っていない。

永いこと気にかけていながら手にとろうとはしなかった本を、いかなる魔が差したのか、とつぜん読み始め、読了したのは昨年の暮れのことだった。私が知らなかった著者の経歴その他のことも調べがついた。

エリオット・ポール（一八九一――一九五八）は、ヘミングウェイやフィッツジェラルドよりも年上だが、やはり第一次大戦に従軍し、戦後はヨーロッパに残留して、「失われた世代」あるいは「国外在住者」などという呼称で一括されていたアメリカ人たちの一人だ。かなり多作の作家で、二〇年代から五〇年代にかけ、初めはアメリカ新聞のパリ版の記者や、文芸誌の編集者として働きながら、小説、回想記、自伝的連作、推理小説など、生涯に三十冊あまりの本を書いた。第二次大戦直後、日本では『アメリカ交響楽』という題で封切られた映画、その他の映画シナリオにも関わった。ほかには、ピアノを弾き、二〇年代のパリではバンドを組んで、当時ノヴァコードと呼ばれたハモンドオルガンを担当していた。フランスやスペインの民謡蒐集家ないしは演奏家としても有名だったらしい。

このエリオット・ポールが、新たなスペイン共和国の成立（一九三一）後、奥さんを同伴し、ピーナツという愛称の小さな息子と、犬のモリッツを連れて、毎年のようにサンタ・エウラリアの町を訪れていたのだった。麗しい名を持つ町はバレンシアから百二十キロ、バルセロナからは二百八十キロの波路を隔てた地中海の島、イビサの南岸にある。イビサ島の北東には大きなマジョルカ島、その先にはいくらか小さめのメノルカ島、イビサのすぐ南にはごく小さなフォルメンテラ島があって、これら四島と周辺の小島をひっくるめた総称がバレアレス諸島だ。

ポールの本の第一部が紀元前四〇〇〇年から紀元後一九三六年までを扱っているといっても、もちろん、何か古代の物語が展開されるわけではない。そうではなくて、作者が言いたかったのは、フェニキア航海者の前進基地だった時代から始まって、ローマ、イスラム、スペインと支配者こそ変ったけれども、この島の住民は基本的には数千年来変らぬ生活を悠々とつづけてきたということなのだ。盛んな漁業と、半ば自給自足的な農業と、ささやかな（当時は）観光業の島。ここで一番大きな町は島と同じ名前のイビサ市で、その人口は三六年当時せいぜい一、二万と推定される。あとは、サンタ・エウラリアのような人口数千以下の町が海岸のここかしこにあり、内陸の小高い所に単独の農家が点在している。

ポール一家は初夏から晩秋にかけての滞在を毎年繰り返すうちに、島の生活と住民たちにすっかり馴染んだ。少年ピーナッツは島の子供たちと比べても遜色ないほど日焼けしたし、奥さんは地元の主婦たちと仲良しになったし、犬のモリッツはみんなに可愛がられている。ポール本人は持ち前の耳の良さでたちまちイビサ方言（それは本土のカタルーニャ語に近いが、少し違うのだそうな）を覚え、英語を身につけたい――将来の就職のために――という島の少女たちを集めて英語塾を開き、更には、楽器の心得のある町民を糾合して、ピアノ、トランペット、ギター、ドラムという奇妙な編成の楽団を結成する。この楽団は引っ張り凧となり、週末ごとに頼まれて町民たちのダンスや歌の伴奏をつとめる。なにしろ、ここの人たちは歌舞音曲が三度のめしよりも好きなのだ。ポールは小さなホールの集まりではピアノを、戸外の集まりではアコーデオンを受け持って、いつ終るとも知れぬ町民たちの歌舞に付き合う。そんな場合によく歌われた歌の一つはこんな歌詞だ。

「わしの手許にゃ煙草が二本、吸いたいやつは三人さ。二に三をたしゃ五、それに五たして十、それに十たして二十、二十から五をひきゃ十五、十五から五をひきゃ十、十から五をひきゃ五、それに五たして十、それに十たして二十……」

なるほど、これでは歌がいつ終るのやら、わからないのも道理だ。

サンタ・エウラリアの人々は午前中に一日分の仕事をほぼすませて、昼はたっぷり飲み食いし、それからゆっくり午睡をする。午睡のあとは仕事を少しだけ、したり、しなかったりで、まもなく夕方になれば、三三五五、溜り場に集まり、あとはもう夜更けまで酒と談笑と歌。これが来る日も来る日も繰り返される。街路樹にふちどられた広場から幅広の道が一本のびていて、道の両側には酒場が三軒（これが町民の溜り場になる）、外人観光客向けのホテル、少し格下のホテルと旅籠《はたご》・兼・居酒屋二軒（これも溜り場）、郵便局、床屋、肉屋、個人住宅二軒――以上がメインストリートのすべてだ。広場の脇には兵営があり、小部隊が駐屯している。元王党派だった指揮官は今は表情が曖昧で、何を考えているのかわからない。町外れの教会には、町民たちに煙たがられている偏屈者の老神父のほかに、若い神父が二人いるが、この二人はほとんど完全に町のくらしに溶けこんでいて、町民たちとの間に何の摩擦もない。

漁師、百姓、羊飼い、鍛冶屋、大工、この島でただ一人の電気工、バス運転手、居酒屋の主人、ホテルのウェイター、小学校の教師、女たち、娘たち、退役将校、郵便局長、白痴の兄弟、鰥夫《やもめ》、ホテルの長期滞在客、等々、親しく付き合った人たちの容貌を、声を、振舞いを、情熱と倦怠と夢想を、家庭の事情を、エリオット・ポールは少なからぬ共感をこめて、時には失踪や情痴殺人などのいきさつをも含めて、多少ともバルザック的に、あるいはむしろゾラ的に描き出す。田舎の人たちは、殊にイベリア半島とその周辺の人たちは、外来者に対して初めは無愛想に振舞っても、何かのきっかけで垣根が破れさえすれば、そのあとの親密さたるや筆舌に尽くしがたいものがある、とはよく言われることだが、ポールとこの町の人々との場合が正しくそれだ。マサチューセッツ出身のアメリカ青年はここではスーメウというイビサ風の名で呼ばれ、身内扱いされている。だれもが日常的に、何のこだわりもなく、この作家に心をあけひろげてみせる。だからこそ、この本をぎっしりと埋めている細密描写が可能となったのだろう。

親密さを証すエピソードは無数にあるが、ここではちょっと異様な例を挙げておく。

のちに空爆が始まったとき、ポール一家と犬のモリッツは内陸の農家に緊急避難する。農家の人たちは食卓でナイフやフォークのたぐいをほとんど使わず、酒も空中にかざした酒壜から巧みに口へ注ぎこむのだが、アメリカ人はこういうやり方には慣れていないだろうと、ポールたちにはグラスや食器を出してくれる。そして食卓のかたわらで神妙にしている犬のモリッツに餌を盛った皿を与え、驚いたことには、その皿にもスプーンを添えたのだ。それはギャグでもなければ厭味《いやみ》でもなく、「犬には要りませんよ」とポールが笑っても、その家の人たちは平然としている。「モリッツが突然ナイフやフォークを使って食べ始めたとしても、この人たちは少しも驚かなかったろう」と作者は書いている。

ともあれ、この島に、内戦はどのようなかたちで入って来たのか。イビサの島中で、共和主義支持やファシズム支持を表明している人は、ポールによれば「片手の指にも足りない」。偏屈な神父や、威張りくさっていた王党派の役人への反感から、住民の雰囲気はどちらかといえば共和派支持に傾いているのだが、それはあくまでも「どちらかといえば」で、政治的理由から殺し合いをするということがここの人たちには理解できない。人が一度失った権益を取り戻したがることなら、よくわかるのだが。

戦争は、何も入って来ないというかたちで、この島に入って来た。七月半ば、バルセロナからの定期便が突如欠航する。交通途絶。船が来なくなったので、新聞も郵便物も入って来ない。ガソリンも砂糖もコーヒーも来ない。郵便局にある電話は不通になり、外界で何が起こったのか全くわからない。頼みの綱はラジオだが、ラジオのある家もまだほんの数軒しかなく、本土の非常事態は島民に漠然と伝わっただけで、具体的なことは何一つわからない。フランコとは何者なのか、だれも知らない。兵営では無線ででも本土と連絡を取り合っているのだろうか。そう、駐屯部隊の不穏な動きが始まる。兵士を乗せたトラックがイビサ市との間をしきりに往復するのを、町民はいくたびも目撃する。部隊の指揮官はだしぬけに夜間外出禁止令を出す。もちろん、町の男たちはだれもこれに従わない。公然と共和派支持を表明していた居酒屋のおやじとその仲間数人は、いち早く内陸部に姿を消す。

空の青、海の青に囲まれた宙ぶらりん状態は二週間つづき、七月の終りになって突然現れた飛行機一機が、駐屯部隊には投降を、住民には緊急避難を呼びかけ、空爆を予告するビラを、派手に撒《ま》いて通りすぎる。同時に沖合には数隻の軍艦が現れる。だが、空爆はなかなか実行されず、三度目のビラ撒きのあと、ようやく空襲が始まる。ポール一家が内陸の農家で一夜を過ごし、戻ってみると、町は完全に共和国軍に制圧されていた。共和国兵士の意気は盛んだが、その大多数はアナーキズム系の労働組合から参加した義勇兵たちで、装備の貧弱なこと、服装のちぐはぐなことは覆うべくもない。それでも内陸の山中に逃げこんだ元駐屯部隊は一網打尽にされて、イビサ市の留置場に収容される。

共和国の兵士たちはサンタ・エウラリアの広場でマルセイエーズを歌い、歌い終ると、そもそもマルセイエーズを歌うべきか否かを暫《しばら》く論じ合ってから、今度はインターナショナルを歌う。ポールたちの楽団は伴奏をつとめるが、トランペット吹きはこの歌を知らないので、兵士たちの一人が代ってトランペットを吹く。真夏のゆうまぐれ、いくたびも繰り返されるインターナショナルの歌声。驚いたことに、ポールは「just a song at twilight...」と呟く。これはジョイスの『ユリシーズ』の女主人公マリオンがときどき口ずさむ甘い懐旧的な歌の歌詞だ。ジョイスや、ガートルード・スタインと付き合いのあった、この人らしい逸脱ではないか。

共和派と町民の交歓はひと月余りしか続かなかった。義勇兵はほとんど現金を持たず、物を買いに来ても借用証を置いていくだけなので、商店主は渋い顔をし始め、島の経済はなんだかおかしな具合になってくる。折も折、共和国政府は首都マドリッド防衛の最優先を叫び始め、イビサの共和国軍は中央からの指令で、少数の守備隊を残して大半がマジョルカ島へ移動する。

そのあとの進行の速さたるや、読んでいて唖然とするほどだ。いつでも、どこでも、事態の悲劇的急変とはこういうものなのだろう。守備が手薄になった途端に、ファシスト側の飛行機がいきなり島を襲い、イビサ市の遊歩道を歩いていた群衆めがけて爆弾を投下する。死者五十五人中、四十二人が婦人と十歳未満の子供たちだった。このニュースはイビサ島を駆けめぐり、留置場の中にまで届く。留置されていた元駐屯部隊の男が共和派の警備兵にうそぶく。「今度は俺たちの出番だな」。警備兵はかっとなってその捕虜を撃ち殺し、弾が尽きるまで撃ちまくって他の捕虜たちも皆殺しにする。これで数千年来の平穏な生活は終った。爾後《じご》は報復と抑圧と絶望の数年、数十年がつづくだろう。

ポール夫妻は心を通わせ合った町の人たちと別れるに忍びず、運命を共にしたいとまで思うが、幼い息子ピーナツのことを考えると、そうもできない。ちょうどイビサに入港していたドイツの駆逐艦が便乗させてくれるというので、フランスへ帰ることにする（この駆逐艦の艦長、まだ若くて、洗練された、礼儀正しい青年は、ナチス政権下の職業軍人の典型として、みごとに描かれている）。船がサンタ・エウラリア沖を通過するとき、作家は懐かしい町の海岸線を、岬を、背後の稜線を、いつまでも記憶にとどめようと、心の中のカメラのシャッターを切る。

「かしゃりと不確かな幻灯機の音――そして打ち寄せる波の音」

この結びの言葉は、先に述べた『ユリシーズ』の谺《こだま》と同じく、私にはたいそう意外だった。この本の初版が出たのは一九三七年で、サンタ・エウラリアが無惨に破壊され、この本の登場人物の多くがファシストに殺されたことは、すでにパリにまで伝えられていた筈だ。そんな時点で、よくもこうまで美しい「芸術的な」結末を書けたものだと思う。いや、今世紀初めのモダニズムの洗礼を受けた作者の、これは精一杯の心意気だったのだろう。遙かな時と所を隔てて読む私も、この「幻灯」のスライドに過不足なく感動できるのだから。

「バレアレス諸島の牧歌的な生活とスペイン内戦の大混乱とのコントラスト」と、現在の文芸事典は簡潔にこの作品を要約している。確かに、文学にとって肝要なのはこのような「コントラスト」なのかもしれない。それはいかなる政治的・経済的分析、いかなる歴史的評価よりも素早く、私たちの心を解明へと導いてくれる。

SANTA EULALIA
DEL RIO
The CUARTEL
The PLAZA
The PASEO
MAIN STREET
BEACH
MEDITERRANEAN SEA

ピュリリア

人生は階段である、というようなことを、いつかだれかが言ったかどうか。階段ならば当然、昇る人あり、降りる人あり、踏み板の幅というか奥行というか深さはさまざまだし、一つ一つの踏み板の高さを決める「蹴込《けこ》み」の寸法もいろいろで、従って、緩い階段あり、険しい階段あり、昇りやすく降りやすい階段があれば、その正反対の階段もある。（今思い出した、むかし住んでいた小さなアパートの階段は、下から上まで、ほとんどすべての踏み板と蹴込みの寸法が全くまちまちで、訪ねて来た人は必ず驚きを表明したし、住んでいた私たちも最後までこれには閉口したのだった）。ほかには螺旋《らせん》階段、こいつはなかなか悪くない。更には、からくり屋敷の「どこへも通じていない階段」とか、どこだったか外国の遺跡には天井に倒立した「使用不可能、意図不明の階段」というのもある。

蹴込みの寸法と使い勝手の関連など、たぶん建築の分野では初歩の初歩なのだろうが、人生階段説を唱えた人がもし本当にいたとして、それを読むか聞くかした幼い私は、一応なるほどと思いながらも、これはただその人がそう言ってみただけのことだ（現在の大人の言葉で言うなら「単なるレトリックだ」）と判断を下して、少しも感心できなかったという、おぼろな記憶が残っている。感心できなかった理由は単純だ。私の小学校時代の住居は平屋で、階段がなかった。友達の家もたいていが平屋だった。小学校は二階建てだったが、ひそかに憧れていた二階の教室での授業は、どういうわけか、最後まで叶わなかった。（キューバの作家カブレラ・インファンテの大長篇『亡き王子のためのハバーナ』は宏壮な階段の描写から始まり、主人公の少年はわくわくしながらその階段を昇って行く。昭和十年代の東京の場末も、平屋がほとんどだったという点では、かつてのハバーナと似たようなものだ）。

そんなわけで、人生階段説を本気で信じている人なんか滅多にいるものではないと思っていた私だが、それが案外そうでもないらしいということに、この頃ようやく気づき、自分の迂闊《うかつ》さに呆れている。私の言う人生階段説は「人生は階段に似ている」というただの比喩ではなくて、「階段こそが人生である」とか「人生には階段のほか何ものもなし」とかいった、もはや揺るぎようのない信念、あるいは深い思い込みなのだ。そのような思い込みに憑《つ》かれている人にしてみれば、人生はたくさんの段階に細分されているように見え、どの段階もその直前の段階より高い（または低い）。しかし問題は高低よりもむしろ、当面の段階に在るということ、そこに迎え入れられるということであって、一つ一つの段階はその人自身とは比べものにならないほど強く、大きく、永続的だ。右足を新たな踏み板の上に置き、残る左足を右足のそばへ持って行く。と、その瞬間、彼はもうその新たな踏み板に属している人間で、その直前の踏み板に属していた彼とは全然別人なのだ。こういう人にとって、入学、卒業、就職、結婚、昇進、退職、賞罰、等々は毎回よほどの大事件であるに違いない。何の因果か、つねに、寝ても覚めても、階段の中途にいなければならない人生。たまさかの踊り場も決して慰めにはならない。

階段とは馴染みの薄い私のような者は、大平原の中の一本道、ほとんど高低の変化のない道を、うなだれてとぼとぼと（胸を張ってすたすたと、でもいいが）歩いている。でなければ、チェーホフの『曠野《こうや》』の主人公のように馬車でその道を蜿蜒《えんえん》と移動している。いや、単調な道とはいえ、風景はわずかずつでも移り変るから、その移り変りに重点を置くならば、ローカル線の各駅停車の電車に乗っている、とでもしたほうがいいだろうか。もちろん、私だって入学し、卒業し（私は中退者だが）、就職するけれども、肝心なことは新たな風景がいかに私を迎え入れるかではなくて、私が新たな風景の中でどのように変るか、または変らないか、なのだ。実際、入学式に出席し、新しい学生証を交付され、制服を（時には帽子までも）身につけ、教室に入り、新しい級友と知り合ったからといって、この私が前述の「階段族」のように瞬間的に別人になったりするものだろうか。いうまでもなく、身分の変化は気分の変化をもたらすだろう。そして時間が経つうちに気分以外の、もう少し固い所、変りにくい所も、何らかの変化を被《こうむ》るかもしれない。しかし、その段階を通り越し、次の段階に入る頃になっても、依然として変らずに残っている所もあるだろう。そのことは本人にとって、安心の材料であると同時に不安の材料でもあるのだ。

一九四八年春、旧制の中学四年を終えて旧制の高等学校に入ったときの私は、まさしくそのような不安定な精神状態の中でぐずぐずしていたと思う。次の年度から学校制度が改められることはすでに公表されていたので、一年後にはまたぞろ受験が待っている。つまり、新たな身分に精神が適応できないだけではなく、新たな身分そのものがかりそめの、あやふやな踏み板なのだ。それでも毎日、兄嫁が作ってくれた弁当を持って通学し、ドイツ語や微積分の勉強は結構面白いのだけれども、私だって人並みに本や雑誌を買いたいし、ときどきは映画も観たい。だが先立つものが全然先立たない。それならアルバイトをすればいいだろうと言われる。現に級友の半数以上は家庭教師の仕事で金を稼いでいる。私もそうしようかと思うが、ここではたと気づくのは、例によって、自分の身分と実体の相剋《そうこく》ということだ。そもそも家庭教師の資格は、だれが認定するのか。だれも。自分で自分を認定するしかない。いかにも私は旧制高校にめでたく入学したが、きのうまでの中学生がほとんど変らずに居残っていることは、本人がいちばんよく承知している。そんな私に、学問を人に教える資格があるだろうか。なあに構うこっちゃない、出来の悪い中学生や小学生の予習復習や宿題に適当に付き合ってやりゃいいんだ、と言われても、そのようなことをする資格が自分に突如として生じたのだとは、どうしても思えなかった。

金に飢えて、いや、金で買える娯楽に飢えて、ひたすら勉強と弁当のためにのみ通学していた私は、ある日、帰りがけに、正門のすぐ脇の大講堂の立看板に目をとめた。こうして初めて学生演劇というものを見物したのは、好奇心もなかったわけではないが、それより、ただもう「入場無料」という四文字に牽かれた結果であって、ほかに大して理由はなかったと思う。芝居のための舞台機構が比較的整っている講堂は、当時の都内ではこの講堂のほか、例えば早稲田の大隈講堂など、ほんの二、三カ所だったそうで、気をつけて見ていると、ほとんど毎週のように、他の高校や大学の劇団がここを借りて公演し、この学校のいくつかのグループも盛んに芝居をやっていた。それらを漏れなく見物した私は、一年間で少なくとも二十数本の芝居を観ただろうか。学生演劇は今にして思えば（いやいや、当時すでに思っていた）役者の演技といい、衣装や舞台装置といい、何から何まで貧弱かつ拙劣で、観ていて居たたまれない気持になることがしばしばだったが、それでも私は次から次へと芝居を観つづけ、「入場無料」という理由などとうにどこかへ消えてしまっていた。

例えば、ある日、私は百人足らずの観客に加わり、開幕を待っている。これから始まるのがアメリカの芝居であるらしいとはわかっているけれども、プログラムも何もないので、作者や戯曲についての予備知識は全くない。幕があくと、そこは仄暗《ほのぐら》い寝室で、女が鏡の前で髪を梳《と》かしながら何か喋り始める。先にベッドに入っている女の夫は、そのお喋りを聞いているのかいないのか、一言も口をきかず、身動きもしない。今に何か起こるのだろうと私たちは期待するが、女のお喋りがだらだらと続く以外に、芝居らしい会話や動きはいっかな始まらない。素人女優の科白《せりふ》は極端に聞き取りにくいので、女がどうやら映画の話や人の噂話をしたり、夫の不甲斐なさを詰《なじ》ったりしているらしいと推察できても、詳しいことはさっぱりわからず、これに加えて照明は暗く、目立つ動きはほとんどないに等しいから、観客の退屈のざわめきはだんだん高くなり、ために女の独白はますます聞き取りにくくなる。この状態が十五分たっぷりは続いたろうか、とうとう何も起こらぬまま、なんだか曖昧に幕が下りてくる。（現在ならば当然「暗転」するような場合でも、当時は一々幕を上げ下げしていた）。

なんだ、これは！　ところが、第二場以降は見違えるように面白くなる。前の場で一言も喋らなかった男は名をゼロ（零）といい、会社の経理部に二十五年勤めた平社員で、妻に給料の安さを詰られた翌日、そろそろ賃上げがあってもいい時分だ、なんなら専務に直接交渉してみようか、などと考えながら出社する。と、現れた専務は、このたび計算器を導入することになったと言い、ゼロに解雇を申し渡す。ゼロは惑乱して千枚通しで専務を刺し殺し、裁判の結果、死刑を執行される。あの世では、後追い自殺した同僚の女子社員、デイジー・ダイアナ・ドロテア・デヴォア（ゼロと比べて異様に長い名前だ）と美しい田園風景の中で再会するが、その「エリュシオンの原」が美しいだけで全くの無為沈滞の場所であると知り、かくてはならじと自ら天国の事務所に出向いて、巨大な計算器を操作する仕事に就く（舞台いっぱいに散らばり溢《あふ》れるリボン！）。結局、天国でもゼロはやがて解雇され、生まれ変ってこの世で再び賃金奴隷となるべく輪廻の旅に出る、という所で最後の幕が下りる。

これはアメリカ演劇の分野ではだれ知らぬ者とてない劇作家エルマー・ライスの名作『計算器』（一九二三年初演）で、日本では昭和初年に二種類も翻訳が出ているから、その時期にどこかで上演されたのかもしれないが、具体的な上演記録は見たことがない。私の観た舞台は少なくとも戦後初演ではないのだろうか。ともあれ、これは凄い悲喜劇だ。解雇されて一段下に降りる拍子に、その踏み板を踏み外してしまった、あるいは一挙に跳んで階段の下まで転落してしまった男の物語。しかし当時の私はそれをそのようなものとして観たというよりは、耳目を驚かす舞台に心を奪われていただけだった。例えば殺しの場面では、さまざまの日常的な効果音が急速に高まって、「ビジネス、ビジネス！」と叫ぶ専務の声を圧倒し、最後に真紅の光が一瞬閃《ひらめ》く。ゼロの隣人たちはワン夫妻、ツー夫妻、スリー夫妻……シックス夫妻という六組の男女で、ゼロ逮捕の場面では、警官の問いに応えて、この十二人がいっせいに腕を伸ばしてゼロをゆびさすし、法廷場面では同じ十二人が陪審員になり、声をそろえて「有罪！」と叫ぶ。こういう刺激的な舞台は初演当時も今も表現主義的と呼ばれ、その表現主義はスターリン主義的芸術論の全盛時代にはモダニズムの範疇に入れられ、斥《しりぞ》けられていた。そのような大勢と、否定しようもない己のモダニズム愛好との間で、かつての私は永いこと揺れていた。

自伝によれば、ある夜、エルマー・ライスは自宅のポーチに坐っていて、「あたかも何かのスイッチをひねったかのごとく」、そのとき考えていたこととは全く無関係な『計算器』の戯曲全体が、突如として、ほとんど完成されたかたちで頭に浮かび、それから寝食を忘れて書きつづけ、十七日目にこの作品を脱稿したのだという。これは話半分に受け取るとしても、この作品あるいはライス自身は、モダニストという蔑称とは程遠い、ある種の生真面目さのようなものを確かに発散していたと思う。だが一九六七年に亡くなって以後、この人はアメリカ現代劇の長老、創意工夫に富んだ舞台の才人などと奉られはしたが、『計算器』ほか三、四篇を除く大部分の戯曲は後続の劇作家たちによってすでに乗り越えられている、というのが大方の評価だった。私もいつのまにかこの人を忘れかけていたようだ。その証拠に、つい最近、古本屋の片隅でElmer Riceという文字を見て、なまぬるい懐かしさしか感じなかったのだから。

それは一九三〇年に出たライスの長篇小説『A Voyage to Purilia』だった。生涯に三冊だけ小説を書いたこの劇作家の、これは処女長篇であるらしい。一目で架空の地名とわかるピュリリア、そこへの旅とは、もしかするとスウィフト流の架空旅行記なのだろうか。あれれ、文化人類学者である「私」とその友人のパイロットは、入念な点検をすませた愛機（普通のプロペラ機）で飛び立つけれども、行く先はどこか未開の大陸の秘境などではなくて、飛行機はまっしぐらに天空へ、星の世界へと上昇して行くのだ。これは宇宙旅行なのか、この小説はSFなのか。宇宙旅行ならば、地球の重力圏からの離脱は容易なことではないだろうに、ライスはそんな科学的細部など全く意に介さず、それでも機が宇宙空間に出ると、二人の旅行者は申しわけのように酸素マスク（！）を装着したりする。星図の一隅に記されている目的地ピュリリアは、ちょうど一角獣座のバラ星雲のようなピンク色の雲に覆われた惑星で、それがみるみる近づいてきたとき、二人の地球人は奇妙な出来事を目撃する。だいぶ離れた所を飛んでいるピュリリアの飛行機の翼の上に一人の若い娘がいるのだが、その顔が突然、極端に膨張し巨大化して目撃者たちのすぐ目の前にまで接近したのだ。娘の恐怖の表情を充分に見せてから、顔は元の大きさに戻る。その飛行機の機内から一人の男が現れ、その男の顔もまた膨張と接近によって凶悪の表情を明示する。男は翼の上で娘に迫って行き、娘はあとじさりして翼の端に追い詰められ、あわやという所で、折よく現れた別の飛行機から救いの縄梯子《なわばしご》が娘に下ろされる。縄梯子を下ろしている若い男の表情は（またもや膨張と接近）正義感に満ちあふれて美しい。……こんな事件を目撃したあと、地球人の飛行機はピュリリアの静かな山あいに着陸する。そのあたりの風景は地球と一見なんの違いもないが、ただ絶え間なく音楽が流れ、空はピンク色に輝き、地球人たちはこの惑星に滞在する間はいつも微かな頭痛に悩まされなければならない。二人が歩き出すと、ふいに神秘的な声が響きわたる。「ピュリリアの山あいに春の訪れは早い」。驚いてあたりを見まわすが、だれもいない……

ここまでくれば賢明な読者諸氏はすでにおわかりだろう（というような調子で、この本全体が綴られている）。惑星ピュリリアは映画の里というか、映画そのものであって、遠くの顔の極端な膨張と急接近は「クローズアップ」、絶え間ない音楽は（無声映画時代の）伴奏音楽、神秘的な声は無声映画のいわゆる「サブタイトル」、トーキーでは「ナレーション」と呼ばれるものなのだ。二人の地球人が目撃した空中での事件は、もちろん「連続活劇」の一場面に他ならない。こうして文化人類学者とパイロットはスクリーンの中の世界に入って行って、さまざまな驚くべき出来事に遭遇する。まずは、ピュリリアでは事故と犯罪が極度に多発するということ。屋内でも屋外でも、車を運転していても、列車に乗っていても、パーティの席でも、散歩の途中でも、事故や事件に遭わないということはなく、それがまた息つく間もなく次から次へと連続するので、住民はもう慣れっこになっていて、この状況は恐ろしいとか嘆かわしいとか思うことは全くない。つまり、ここでは生活の代りに事件があるのだ。文化人類学者が学者らしく擬似学術文書的文体で分析するところによれば、ピュリリアは厳格な階級社会で、階級間の交流や流動というものは起こり得ない。一番上には「家出した子供たちの身を案じながら日夜編み物をする母親の階級」があり、以下、「社会の荒波に揉まれ悪党につけ狙われながらも健気《けなげ》に生きる若い清純な娘の階級」「その娘を心底から愛し悪党の悪巧みと戦う青年の階級」「清純な娘を堕落させることに専念する悪党とその情婦の階級」「悪党に仕え悪事の手助けをする半動物的下僕の階級（肌が白くない者はすべてこの階級に属する）」等々がある。清純な娘はいずれは結婚するが、ふしぎなことに、結婚し子供ができたからといって母親の階級に昇格するわけではなく、いつまでも同じ階級にとどまり、若々しい姿を見せつづける。すなわち、ここは「階段人生」などあり得ない世界で、平原をとぼとぼ歩く者もまた見当たらず、階級社会といわんよりはむしろ蛸壺《たこつぼ》社会なのだ。それぞれが孤立した一つの機能しか持たぬ蛸壺の集積。もっとふしぎなのは、結婚した男女が性交する気配を全く見せないのに、あるとき忽然《こつぜん》と赤ん坊が出現することだ、と学者は言う。

二人の地球人はどちらも連続活劇の途中で出会ったピュリリア娘と恋をし、その娘たちはどちらも悪党にかどわかされ、追跡、追跡の失敗、偶然の助け船、再追跡、潜入、奪回、対決など、「あわや」「間一髪」「すんでのところで」が頻発するお定まりの経過を経て、悪玉はようやく敗退し、二組の恋人たちはハッピーエンドに一歩近づく。あとは教会での結婚式が残るのみだ。「私」はふと不安を覚える。ここで所帯を持てば、もう地球には戻れないのだろうか。ピンク色の空の下で、いつも微かな頭痛に悩みながら、波瀾万丈（どうせまたそうなるに決まっているから）の生涯を過ごさなければならないのか。半ば諦《あきら》めて臨んだ結婚式で、まず仲間のパイロットが誓いの言葉を述べ、牧師の祝福を受けながら花嫁と見つめ合う。幸せを絵に描いたようなその姿が、少しずつ薄れていくのに気づいて、「私」は驚愕する。数秒のうちにパイロットとその花嫁は跡形もなく失せる。「フェードアウト」だ！　ここでは人は幸せの絶頂において消滅するのだ。俺は消えたくないと叫びつつ、文化人類学者は結婚式場から逃げ出し、秘密の場所に格納しておいた自分の飛行機を引き出して、一目散に地球へと逃げ帰る。これにて『ピュリリア旅行記』全巻の終り。

世に映画製作の裏話や、「夢の工場」ハリウッドの実態についての本は多いとはいえ、ハリウッドという場所やそこに蠢《うごめ》く人間たちではなく、そこで作られる映画の内容そのものを、こんなふうに批判的に、面白おかしく造型してみせた本は、ちょっと珍しいのではないだろうか。この本に現れるのは一九二〇年代の無声映画の世界だが、現在のハリウッド映画だって大半は似たようなもので、制作費何億ドルの「超大作」であれ、手軽に仕上げたインディーズ系の小品であれ、ほとんどの作品は依然ピュリリアの影から脱却できていない。

私は階段人生に馴染めないばっかりに、アルバイトをなかなか始められずにいて、学生演劇と出会い、エルマー・ライスの『計算器』を知り、こうして数十年を経て『ピュリリア旅行記』とめぐりあうことができた。この劇作家がモダニストであるか否か、単なる器用な芝居職人なのか、それとも真の芸術家なのか、などという問題は、もうどうでもいいことだ。何はともあれモダン社会に同調したくてたまらないのがモダニストなのだとすれば、同じモダン社会の愚劣で醜悪な面貌を、せめて指摘し、せめて批判せずにはいられないのもまたモダニストなのだという、ごく当り前のことを、この人は身をもって示しているので。

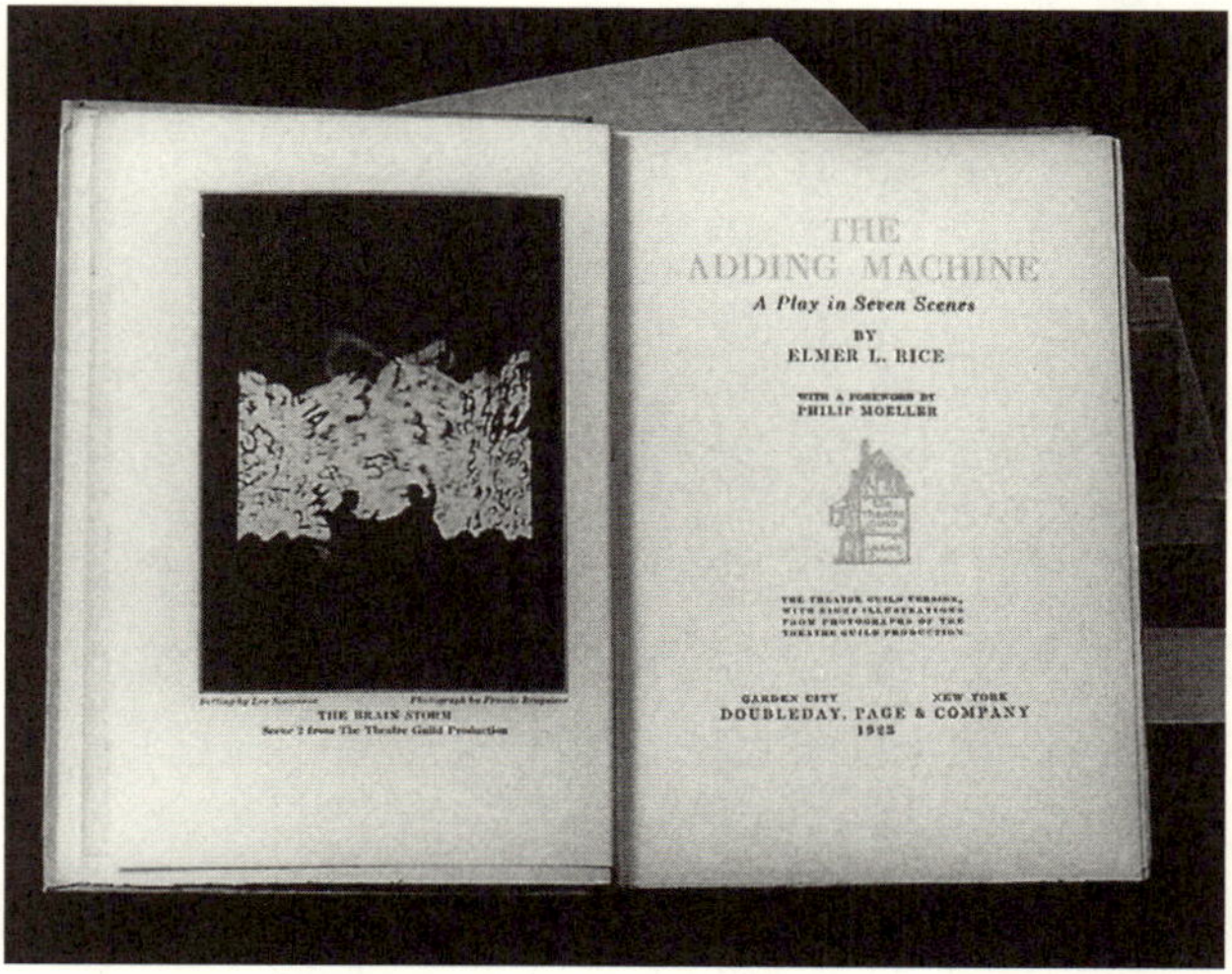

Setting by Lee Simonson — Photograph by Francis Bruguière
THE BRAIN STORM
Scene 7 from The Theatre Guild Production

THE ADDING MACHINE
A Play in Seven Scenes

BY

ELMER L. RICE

WITH A FOREWORD BY
PHILIP MOELLER

THE THEATRE GUILD VERSION,
WITH EIGHT ILLUSTRATIONS
FROM PHOTOGRAPHS OF THE
THEATRE GUILD PRODUCTION

GARDEN CITY   NEW YORK
DOUBLEDAY, PAGE & COMPANY

終り良ければ

いつだったか、夭折《ようせつ》した詩人、野村吉哉の生涯を調べていて、ちょっと珍しい資料にぶつかった。それは吉哉が年下の文学青年に宛てた手紙（の下書き？　写し？）で、その内容は一言でいうならば「雑誌の出し方」なのだ。恐らく後輩の文学青年から、同人雑誌を出したいのだがどうしたらいいのか、と相談を持ちかけられたのだろう。ほとんどマニュアル的文体で、吉哉は雑誌が出来るまでを説明し、後輩を手取り足取り指導している。この詩人は大正期に二冊の詩集を出したあと、昭和十五年に亡くなるまで、初めは小さな文芸同人誌をいくたびも出しては挫折し、晩年（といっても三十代だが）には新聞形式の児童文学同人誌をかなり継続的に発行したという実績のもちぬしだった。したがって、この手紙は戦前の同人誌経営のありようが率直に語られている点でなかなか興味深いのだが、私が注目したのは別のことだった。つまり、この手紙で吉哉が最も懇切丁寧に教えているのは、当局（内務省警保局や警視庁公安課）に関する事柄なのだ。雑誌の発行をいつどこにどのように届け出るか。出来上がった雑誌をどこに何部納入するか。呼び出された場合はどのように対応するか。その他なんらかの問題が生じた場合どのように折衝するか、等々。

第二次大戦後、何が変り何が変らなかったかは、さまざまに論じられているけれども、最大の変化の一つはこのような検閲の廃止ということかもしれない。もちろん現在でも、いわゆる「チェック」は方々で日常的に行われていて、言論の「自由」がちょっとした「不自由」に突如変貌する瞬間はさほど珍しくもないのだが、それは大正から昭和戦前期にかけての専横かつ不遜な検閲とは少しばかり位相が違っている。私の小学校時代（昭和十年代）エノケン映画をよく上映していた場末の映画館には「臨検席」があり、そこにどっかと坐った警官が「けしからん！」と判断すれば、まさか映画のフィルムを途中で止めることはできないにせよ、「実演」をやっている芸人や、演説会の弁士などは、芸や演説を即刻中断して、すごすご退場しなければならないのだと、七歳上の兄が教えてくれた。私はその臨検席なるものをまじまじと見る。それは観客席の一番うしろの片隅にあって、三、四人分の座席が入るほどの面積を占め、まわりを低い仕切り板に囲まれ、一般の席より一段高くなっているので、そこからならば人の頭に邪魔されずにスクリーンや舞台がよく見える。エノケン映画上映中の今、臨検席はもちろん空っぽで、ぽつんと置かれている一脚の椅子は校長先生の立派な椅子に似ている、と私は思う。あの席のキップ代は私たちの席よりよほど高いのだろうか。「馬鹿」と兄は言う。「警察が金払うわけはねえじゃねえか。好きなときに、ただで入るんだよ」。

舞台の検閲、つまり、題名の改変に始まって、台詞の削除、筋の変更、上演形態の制限（会員制による非公開上演など）、果ては上演禁止に至る、実にもう横暴な官憲の干渉といえば、すぐ思い浮かぶのは例の築地小劇場、小山内薫と土方与志が震災の翌年に始めて、主に外国の戯曲を次々と紹介上演した、あの劇場のことだ。開場二年目の一九二五年に、当時世界的に有名だったドイツの劇作家エルンスト・トラーの戯曲を、築地小劇場は舞台にかけようとした。トラーは、大戦直後のミュンヘンでかつてのパリ・コミュンのバリエーションのような革命騒ぎが起きたとき、短命な革命政府の首班に祭り上げられ、すぐ捕まって入獄した、いうところの「国事犯」だったから、これだけでも検閲当局がこの上演に何の干渉もしないとは考えられないようなものだが、小山内や土方はそういう点をどう思っていたのだろうか。案の定、初日の直前に上演は差し止められる。こういう事態を迎えて、この劇場がやったことが凄い。まず、すでに上演したことのある短い一幕物二本を引っ張り出して、それらを急遽《きゅうきょ》再演することとし、それでも余っている時間を埋めるために、これまた短い新たな戯曲を選び出す。アウグスト・シュトランムというドイツ表現派初期の劇作家の作品は、「電報文体」などと呼ばれたこともある短い切れ切れの台詞が特徴で、台詞の量は極端に少ないから、これならば大急ぎで新しい役を覚えなければならない役者たちには負担が比較的軽くてすむだろう。舞台装置は新たに作り始める余裕は全然ないので、完成していたトラーの芝居のための装置をばらし、その部分品を巧みに組み合せるという「リサイクル」によって、全く異なる戯曲の全く異なる装置を出現せしめる。こういうことすべてを一晩で（！）やってしまったと、ある回想談にあったような記憶があるが、これは私の記憶違いかもしれない。たぶん、役者たち裏方たちの不眠不休の努力により、きわめて短時日のうちに芝居の差し替えが完了した、ということなのだろう。

こんな場合の「芝居者」の熱烈さといったら、それはもう、只事ではない。いや、演劇関係者に限らず、急ぎの仕事に直面して、何がなんでも期限までに終えてしまおうと「しゃかりき」になっているとき、仕事仲間との間に一種独特の連帯感が、時には奇妙に自虐的な熱気までが発生し、現実の生活感覚など暫し消え失せているのを、だれだって何度かは感じたことがあるのではないだろうか。築地小劇場の演劇人たちも、超特急の差し替え仕事の現場では官憲の不当な仕打ちへの怒りや憎しみを燃え上がらせ、その怒りや憎しみがある種のエネルギー源になったことは間違いないが、そういう感情は仕事が進むにつれて少しずつ行方不明になり、仕事が終ったときには、ちょっぴりマゾ的な達成感のようなものが後味として残っただけなのではないかと思う。

この上演禁止事件の一年ほど前、築地小劇場の柿落《こけらおと》しに上演された『海戦』という芝居は、問題へのアプローチの角度こそ異なれ、同じような謂《いわ》れなき連帯感や、半ば自虐的な達成感を描いていた。海戦へ向かう軍艦の砲塔の内部で、退屈な待機の間は反戦的なことをしきりに口走り、叛乱《はんらん》をさえ匂わせていた一人の水兵は、いざ海戦が始まると、だれよりも夢中になって砲撃に加わる。その臨終の言葉はこうだ。「俺の砲撃の腕、わるかねえだろう？　叛乱だって、やりゃできたんだ。なあ？　だけど砲撃のほうが手っ取り早かった。だろう？　そのほうが、俺たちにゃ手っ取り早かったよな？」

まるで磁力に引かれてでもいるように、「手っ取り早い」方角へと私たちの精神は流れて行き、何やら得体の知れない大きなものに呑みこまれ同化される。磁場を形成しているのは集団の世界だから、これは集団と個体の本質的な相違、根本的な対立という問題に他ならないだろう。『海戦』の作者、ラインハルト・ゲーリングは一八八七年の生まれだが、六歳下の「国事犯」エルンスト・トラーは、獄中の第一作でこの問題に正面から迫った。題して『群衆―人間』。これは今風に訳せば『群衆VS.人間』となるだろうか。この題名で反射的に思い出すのは、二枚の舞台写真だ。一枚は、大きな鳥籠のようなものの中に一人の女がうずくまり、その脇に背の高い看守が直立している場面。女は表現派女優独特のいかつい顔立ちで、眼球がバセドー病ぎみに突出している。看守の容貌も負けず劣らずどぎつくて、死神のように不吉だ。もう一枚の場面では、階段舞台の上手で数十人の労働者が混乱の極《きわみ》といった状態にあり、下手奥には登場した兵士たちの姿が見える。二つの集団に挟まれ、舞台中央では女（鳥籠の中の女と同一人物）が孤立している。この演出の図式から容易に知れる通り、女はストライキの指導者、「人間」の側の代表者なのだ。「群衆」の代表者は「無名の男」と呼ばれる人物で、この男が甚だ効果的に武装闘争を煽《あお》ると、労働者はその手っ取り早さへとたちまち靡《なび》き、無惨に敗北する。「無名の男」は姿を消し、女は捕らわれて死刑を宣告される。いくつかの忘れられない台詞。「犬さえもストライキと吠えている」

（これは「無名の男」の登場以前の、いうなれば幸福な昂揚の時期の言葉だ）。女が「無名の男」に突きつける最後の台詞。「あなたは、あしたは死ぬ。私は永久に生きる。社会から社会へ、転換期から転換期へ」。そして女が監房から引き出されたあと、その装身具やスカーフを盗みに来た二人の娼婦は、銃殺の射撃音に全身をゆすぶられて叫ぶ。「わたしたち、どうしてこんなことをしてるんだろう」（この戯曲は六〇年代末の学生叛乱の季節にパリで上演された）。

私は右の戯曲（邦訳）や舞台写真を、築地小劇場でのトラー上演禁止の二年後に出た「世界戯曲全集」の一冊で読んだり見たりしたのだが、これは考えてみれば少々奇妙なことではないだろうか。上演は許されないのに、なぜ出版は許されるのだろう。検閲当局は演劇をよほど過大評価し、文学をよほど過小評価したのか。でなければ検閲の度合というものは、管轄や担当者あるいは時期によりけりなのだろうか。特に「睨《にら》まれて」いる個人や団体が厳しく取り締まられ、そうでない場合は「お目こぼし」があるというような、恣意的な面があったのかどうか。いずれにせよ、トラーの獄中の作品はほとんどすべて翻訳されて活字になり、当時の演劇関係者も、観劇を阻まれた観客も、それらを自由に読むことができた。例えば獄中第二作『機械破壊者』はイギリスの産業革命期の機械打ち壊し、いわゆる「ラッダイト運動」を題材にしているが、ここでも群衆は煽動者の言うがままに機械破壊へと走り、近代的な労働組合をつくろうとする主人公は騒ぎに巻きこまれて死ぬ。（この戯曲は、つい数年前、ロンドンで七十年ぶりに再演された。ロンドン公演に先立って、ラッダイト運動の現地だった地方都市で初日の幕が開けられた）。次の『ヒンケマン』（築地で禁止されたのはこの戯曲だ）では、戦傷によって性的機能を失った復員兵が、「不倫」をした妻の自殺を知って、そのあとを追う。（この戯曲は八〇年代にドイツで再演された）。出獄後の作品で一番有名なのは『どっこい生きてる』（一九二七）だろう。日本ではなぜかこの題名だけが戯曲の内容とは無関係に知れ渡っていたようで、一九五一年には今井正監督が同じ題名で映画を作っているが、その中身はトラーとは全く別物だ。トラーの『どっこい生きてる』は、死刑執行直前に恩赦《おんしゃ》を受けて発狂した「一揆主義的」革命家が、長期入院ののち娑婆《しゃば》へ出て来て、新しい世の中やかつての同志たちにどうしても馴染めないという話で、ここでも主人公は右翼のテロ事件に巻きこまれて再び収監され、絶望の末に首をくくる。初演の際、演出家ピスカートルはこの大団円に勝手に余分な台詞を付け加えた。「首をくくった！　革命家はこんな死に方はいけねえ。いや、世の中のわずらわしさに殺されたんだ。全く、糞面白くもねえ世の中よ。だからそいつを変革しなくちゃ！」

演出家の幼稚な小細工はトラーの以後の運命を暗示している。私たちの現実世界で、『群衆―人間』の「無名の男」が革命と反革命の両サイドに顔を見せていることは言うまでもないが、より恐ろしいのは、政治闘争の世界から比較的遠い市民生活の中にさえ煽動者の手っ取り早さが不吉な影を落としていることなのだ。銃殺される女は「人間」を代表して「あなたは、あしたは死ぬ」と「無名の男」に言った。どうして、どうして。女のほうが「社会から社会へ永久に生きる」ことは間違いないとしても、「無名の男」だって死ぬどころか、未だにぴんぴんしている。この世紀に世界の至る所で跋扈《ばつこ》したのは、血腥《ちなまぐさ》い「群衆」の代表者ばかりではなかったか。初めからトラーの芝居を手っ取り早く利用することしか考えていなかった政治の側では、いちはやく非難の声があがって、どの芝居でも主人公は殺されるか自殺するかだということは、これすなわち敗北主義だろうという。このわかりやすい解釈に加えて、トラーの非暴力、反戦、反ファシズム、生命尊重、友愛の主張には、アナキズム、小市民性、観念論、等々のレッテルが貼られる。イデオローグの尻馬に好んで乗る市民たちは、いっぱしの口をきくだろう。トラーもあっというまに古くなりましたねえ。ああいう「きれいごと」の精神革命論が非常に新鮮に見えた時期もあったが、今は、あなた、独ソ不可侵条約の時代ですよ。

亡命先のアメリカで、一九三九年五月、トラーは『どっこい生きてる』の主人公と同じように首をくくった。(私は今、マヤコフスキー謀殺説を読んでいるので、たいそう疑り深くなっている。トラーの遺書はなかった。鬱《うつ》状態がひどかったと言われるが、それはマヤコフスキーの場合も全く同じだ。伝えられている限りでは、悲劇の現場、ニューヨークのホテル・メイフラワーの状況はなんとなく腑に落ちない。トラーはロンドンへ移る予定で荷造りをしていた。別居中の妻クリスティアーネは理由を挙げて「自殺したとは信じられない」と語っている。ナチスが数年前からトラーに「天《てん》誅《ちゆう》を加える」と公言していたことは、歴とした事実だ。「政治的勝利」と、トラーの死を報じたナチス当局の反応は異様に早かった。だれかがこの「自殺」に疑問を抱いたことは今まで一度もないのだろうか。この一件が犯罪科学的見地から調査されたことはなかったのだろうか)。一週間後、東京では読売新聞が久保栄のごく短い追悼文を掲載した。その結び。「エミグラントとして異郷に斃《たお》れた政治的作家に、さういふ立場に立たない僕らも、愁然と頭を垂れる」。久保栄は演劇人としては〈築地小劇場育ち〉だから、もちろんトラーの上演禁止の件は知っていた。短い用心深い文章にも、同時代の劇作家としての感慨は明らかに表れている。「さういふ立場に立たない僕ら」には、少なくとも三つの意味が読み取れる。一、私はかつてドイツ表現派を翻訳したことがあるけれども、今はもうマルクス主義を、現実主義的文芸を良しとする作家であって、トラーのような「アナキスト」ではない。二、だが弾圧に拉《ひし》がれ一歩退いた立場にある今の私には、最後までファシズムと直接対決したトラーが少々まばゆく見える。三、このような短文にさえ目を光らせる官憲には、さしあたり、私は「政治的作家」ではないし、亡命もしない（できない）と言っておこう。しかしせっかくの配慮も空しく、翌年に久保栄は逮捕されて懲役二年（執行猶予つき）の判決を受け、やがて戦後十三年目には、これまた『どっこい生きてる』の主人公と同じように縊死《いし》するのだが……。

久保栄の追悼文のあと、トラーについては音沙汰なしの四十年が過ぎ去った。その間、戦争や冷戦があったにしても、これはいささか永すぎる空白期間ではないだろうか。ときどき、どこかの大学文学部の先生が発作的にモノグラフを発表した。東ドイツが安直な一巻選集を出版すれば、西ドイツでも負けてはならじと似たような本を出した。学生叛乱の季節には芸術家トラーというよりは政治運動家トラーを主人公にしたブレヒト流の「叙事劇」が上演された。いずれも空白を実質的に埋めるには至らない、脈絡を欠いた努力だった。私は一九四九年に神田の古本屋で、トラーの珍しい戯曲の英訳本を手に入れ、この劇作家についてだれとも語り合えないさみしさを紛らせようと、四度も読み返した。それは亡命前の一九三二年、ドイツで書かれた最後の戯曲で、『盲目の女神』といい、それまでの作品と少し雰囲気が異なっていることは一読してわかった。しかしこの作品のことは当時まだだれもなんにも語っていなかった。なにぶん出版の時期がナチスの焚書《ふんしょ》の直前だから、原文が残っているのかどうかもわからなかった。

一九七八年から七九年にかけて、二人の編纂者《へんさんしゃ》による「エルンスト・トラー選集」全六巻が出た。そのとき小躍りして喜び、現物を手にして若干失望したのを、きのうのことのように記憶している。失望したというのは、この選集に『盲目の女神』が収録されていなかったからで、やはり焚書にやられたのだ！　と私は早合点したのだが、そうではなかった。こういう出版（この選集はペーパーバック版だ）ではページ数の制限があり、残念ながら『盲目の女神』は割愛せざるをえなかったと、編纂者は甚だ歯切れのよくない言い訳をしている。待ちかねていた読者としては、せめて初版本が焚書に遭わなかったと判明したことを喜べばいいのだろうか。「原稿は燃えない！」というブルガーコフの名言もある。

それから更に二十年経過し、『盲目の女神』のリプリント版が数年前に出版されているという情報をキャッチした私は、ぬさもとりあえず洋書店に駆けつけた。暫《しばら》くして入荷の知らせが届き、再び洋書店へ。白っぽい表紙は文字だけで他に何の飾りもない、ちょっと学術書のように地味な、縦長の薄い本を、ようやくこの手に受け取った瞬間の喜び、これをしも何に譬《たと》えよう。こんなとき人は普段しないことをしてしまうものだ。私も洋書店の近くの喫茶店に入り、植草甚一ふうにコーヒーを啜《すす》り煙草をふかしながら、おもむろに『盲目の女神』のページを開く。次の瞬間の驚きといったらなかった。第二幕の途中でとつぜん真っ白な見開き二ページが出現し、そのあともこれが何度か繰り返されたのだ。ひどい所では四ページにわたって一字も印刷されていない。落丁でも乱丁でもない（ページ数は合っているので）、こういう欠陥本はどう呼んだらいいのだろう。洋書店に取って返すと、学校を出たばかりと思《おぼ》しき係員が真っ白なページを眺めて言う。「これは意図的にこうなっているんじゃないんですか」。助けてくれ！　こうして再注文、再入荷に更に一カ月かかったが、数十年待ったのだもの、これしきの遅れは何の苦にもならない。

予想していた通り、原文と英訳には多少の異同があって、やはり原文を読んでよかったと思う場面は少なくなかった。『盲目の女神』は、妻殺しの濡《ぬ》れ衣《ぎぬ》を着せられた開業医と、その共犯者とされた若い女（医者の助手）の苦難の物語だが、いわゆる「問題劇」的な芝居の組み立て方から作者が能《あた》う限り遠ざかっている点に注目しなければならない。法廷場面や、再審への筋の運びは、むしろデフォルメされていて遠い幻想のようであり（フラッシュバックの場面では医者の妻が人形として登場し、蘇《よみがえ》って喋り始める）、前面に出てくるのはスイスの田舎町の人々の現実的な姿と、その俗悪さに包囲された医者と助手の平凡な、悲しい恋愛の諸相なのだ。いったん有罪とされて服役した二人は、服役五年目に再審を認められ、無罪放免となって町へ帰る。そもそも誤解と妬みと好奇心からこの事件の発端を生み出した町民たちは、最終幕では掌を返したように二人を歓迎し、小学校の校長は児童を動員して「終り良ければすべて良し」という歌まで歌わせる。だが女の愛情は五年間の牢獄生活ですっかり涸れていた。「愛情だっていつかは言葉のように死ぬのよ」。未練がましい医者を振り切って、女は立ち去り、あとには「終り良ければ」の合唱だけが残る。もともと、この諺は事が終ったときの溜息まじりの感慨ではなかったのか。英語のend、ドイツ語のEnde、いずれも「終り」は「目的」に通じる。「終り」が「目的」に置き換えられるとき、俚諺《りげん》は俄然、威丈高になる。エルンスト・トラーの生涯はこのような威丈高な俚諺との戦いに費やされたのだった。

TOLLER, ERNST: *Masses and Man* (Masse-Mensch) Staadtheater, Nuremberg, 1921

月光とロザムンデ

せんだって観たパスキン展は面白かった。パスキンといえば晩年の異様に肉感的な裸婦しか知らなかった私は、キューバや北アフリカ滞在中の作品の明るい色や、のびのびとしたフォルムを初めて観て、すっかり驚いてしまった。今更言うまでもないことかもしれないが、画家というのは、まこと、場所に縛られるというか、場所によって生かされる種族なのだ。いつかフランスの田舎を移動していて、壁？　屋根？　あるいは土？　何かの色が目に入った途端、あ、これはマチスの色だと反射的に感じたのを覚えている。かつて画家たちが我も我もとフランスへ渡航したのは、決して絵画先進国への単なる憧れからではなかった。「さまよえるユダヤ人」と呼ばれていたパスキンだって、ただ漫然と放浪していたわけではない。そのあたりのことを、遅蒔《おそま》きながら、このたびようやく納得した。

旅、色彩、解放。だが、それとは少し異なる、パスキンのもう一つの面にも、驚かざるをえなかった。この画家は若い頃、雑誌の「イラスト」を盛んに描き、それが画業の始まりだったのだという。辛辣《しんらつ》で、躍動的で、惚れ惚れするほど的確な素描のかずかずは、この人の画家としての底の深さを明示している。なかでも私を愉快がらせた一枚は、例の旧約聖書外典のユーディットの物語の一場面で、画面の少し奥を左から右へ、事をなし終えたばかりの全裸のユーディットが、片膝《かたひざ》に絡んでいるパンティを引っ張り上げながら、少し屈んだ恰好で足早に通過しようとしている。同じく足早に女のうしろを行くのは、敵将ホロフェルネスの首級を槍《やり》(?)の穂先に掲げた屈強の青年だ。そこはホロフェルネスの軍勢に包囲されていたユダヤの町の表通りででもあるらしく、大勢の町民が駆け寄って来ている。そのなかの一人、画面の前景中央に一番大きく(ユーディットとその従者よりも遙かに大きく)後ろ姿を描かれている無名の男が、この絵の最大のポイントだ。男はまるで競馬馬のように全力疾走中で、ユダヤ風の衣の裾《すそ》ははねあげられて毛脛《けずね》が見え(日本流に言うならさしずめ「尻っぱしより」だ)、その躍動する後ろ姿全体が叫んでいる。若後家のユーディットがホロフエルネスの首を取ってきたって? ようし、見に行かなくっちゃ! 絶対、見なくっちゃ！

（物見高さという点で、私はこのユダヤ人の同類だ。暫《しばら》く前のこと、ある有名歌手が人を殺して捕まった。夕方のテレビでそのニュースを見るや、私はすぐさまレコード店へ「走って行って」、その歌手の新譜、回収される直前のレコードを買い求めてきた。同じ頃、別の歌手の「愛の巣」で刃傷沙汰《にんじょうざた》があった。現場は私の住居から徒歩十分ほどの所だったので、さっそく見に行って、玄関の表札がすでに剝がされているのを確認し、満足して帰って来た）。

芝居「見物」というくらいだから、演劇と物見高さを切り離すことはできない。右のユーディットの故事が、ヨーロッパの近代以降の物見高い観客を引きつける恰好の題材となったことは、当然といえば当然。たぶん、ユーディットの出てくる同工異曲の芝居は消耗品のように方々で幾種類も上演され、次から次へと忘却の淵に捨てられたのではないだろうか。捨てられずに残ったものの一つが十九世紀ドイツの劇作家へッベルの『ユーディット』で、これは「五幕悲劇」と銘打たれた堂々たる構築物だ。女主人公はここでは確かに「若後家」だが、死に別れた夫との間に性的関係はなかったとされていて、このことが、包囲軍の幕屋に単身赴《おもむ》き「体を張って」敵将の寝首を掻くという愛国的行為に、微妙な陰影を与えている。ユーディットがいわゆる「処女妻」だったというアイデアは、恐らくヘッベル以前からあったのだろうと思う。しかし第五幕最後の次のようなユーディットの台詞は、間違いなくヘッベルのものだ。「わたしはホロフェルネスの子を生みたくない。わたしが石女《うまずめ》になるように、神に祈っておくれ！　たぶん神はわたしに恵みを掛けて下さるだろう！」（吹田順助訳、昭和四年）。

ヘッベルの六十年後、一九〇四年に同じドイツの劇作家ゲオルク・カイザーが書いた『ユダヤの寡婦《かふ》』は、言葉数の多い、堂々たる構築物という点ではヘッベルに匹敵するが、女主人公の性格はまるっきり異なる。この戯曲に現れるユーディットはまだ十代の少女で、むりやり嫁入りさせられる第一幕では「Nein!」（大正十五年の久保栄訳では「可厭《いや》よ！」）を九回繰り返し、ほかには何の台詞もない。そして「処女妻」のアイデアは踏襲《とうしゅう》されるけれども、敵将の幕屋へ乗りこむについては愛国的動機など微塵《みじん》もなく、この少女はただただセックスに興味があるだけなのだ。荒くれ男ホロフェルネスの幕屋には、優男《やさおとこ》ネブカドネザル（アッシリア王）がいて、二人はなんだか怪しげな雰囲気を漂わせている。少女としては、当面の相手はどちらでもいいのだが、やはり優男のほうが荒くれ男よりは好ましい。そこで、二人の男が怪しげなやりとりにかまけている隙を衝いて、たわむれに持たされていた剣で荒くれ男を刺し殺す。優男は怯《おび》えて逃げ去る。

ユーディット（敵将の首級を片手に提げて、独り呆然と立っている）この人は死んじゃった――この人はもう何をしてくれることも出来ないんだわ――（泣き出しそうになって）あの人だって、逃げなくてもよかったのに！

観客諸君、と作者カイザーの皮肉な声が聞こえる、物見高い諸君はこの芝居に何を期待したのか。まさか愛国少女の英雄的行為を見たかったわけじゃあるまいね。あいにく、私は愛国心、民族主義、国家主義のたぐいが大嫌いなんだ。いや、もっと嫌いなのは愛国者のふりをしている、民族主義者のふりをしている連中だ。自称他称の愛国者の九割九分までは、ただそのふりをしている奴らじゃないのかな。幸い、物見高い観客諸君は、煽動されれば愛国の旗を振り歌を歌うことがあるにもせよ、少なくとも劇場の席に坐っている間はもっと素直だ。諸君は要するに、ユーディットが「体を張る」とはどういうことなのか、つぶさに見たいのだろう？　少女が荒くれ男に衣服を剝がされ、組み伏せられて、叫んだり、喘《あえ》いだり、呻《うめ》いたりするのを、そのあと「髪も乱れて、蹌踉《よろ》めきつつ駈け出してくる」（ヘッベルのト書き）のを、とっくり眺めたいのだろう？　残念でした。私のユーディットはそうなる前に、しごく無邪気な「ゲーム感覚」とやらで、ホロフェルネスをあっさり殺してしまったよ。仕方がない、あとは少女の「処女放棄の願望」がどこで叶えられるか、ゆっくり待つのみだろうね。こんなふうに、諸君の期待の織物を裏返し、全く異なる面白い図柄を諸君に突きつけるのが、私は大好きなのさ。どうだい、わかるかね、偽善の観客よ、わが同胞《はらから》よ。

この声は私にはきわめて刺激的かつ魅力的だった。時は一九四八年夏。旧制高等学校一年の一学期を終えて、長い夏休みの中に放り出された私は、さしあたって図書館へ行ってみる。そこなら金はかからないし、場所も近かったし、もう一つ、親しく付き合っていた隣家の姉弟の父親がその図書館の館長に就任したので、なんとなく好奇心をそそられたということもあった。五十がらみの、憂鬱そうな顔をした隣家の主人が、戦中の職はすでに失い、戦後の大混乱の中で妻子を抱えて、まだ身分は定まらず、ときどきは娯楽雑誌に寄稿したりもするが、やはり事志と相違してしまったという雰囲気を発散しつつ歩いているのを、私は何度か目撃している。

この町初めての公共図書館。なにしろ日本は「文化国家」に生まれ変ったのだから、この町にだって図書館の一つくらいは、というわけだが、幼い私の目にも、それは間に合せの、急拵《きゆうごしら》えの、貧弱きわまる施設でしかなかった。小学校の敷地の片隅に、進駐軍から払い下げられた、いわゆる「蒲鉾《かまぼこ》兵舎」が二棟、木立に囲まれ、うずくまっている。内部は蒸風呂のようで、小学生の喚声と蟬《せみ》の声が蒲鉾の金属板にぎんぎんと谺《こだま》している。これでは館長という肩書も大した名誉にはなるまい。隣家の主人の姿はどこにも見当たらず、私はそこで初めて出会った「世界戯曲全集」全四十巻を夏休みの間に読みつくそうと決意する。どうして十代の少年はこんなことを決意したりするのだろう。食いもののようにたくさんの本を平らげて、それでどうなるというのか。分厚い本を読破するとか、シリーズものを一冊残らず読むとか、そういう行為に何らかの価値があるというようなことを、だれがいつどこで子供たちに吹きこんだのだろう。

もちろん、全四十巻の四分の一も私は読めはしなかった。だが、その十冊足らずの中には、一学期の間に学生演劇で観た戯曲がいくつも含まれていたし、何よりもまず、カイザーがあった。一度も実際の舞台を観たことのないこの作家の戯曲が、こんな具合にずかずかと心に入りこみ、作者の声まではっきり聞こえてくるということは、いくぶん不思議な現象ではないだろうか。（その後も、今日に至るまで、私はカイザーの舞台をほとんど観たことがない。一度だけ、数年前に小さなグループが『朝から夜中まで』を上演したのを観たが、これは惨憺《さんたん》たる舞台だった）。カイザーの作品は私にはどれもこれも面白く、『ユダヤの寡婦』『カレー市民』『朝から夜中まで』『平行』

など七篇が収められている「世界戯曲全集」第十七巻は、以後永きにわたって、私には、まるで宝物のように光り輝いて見えたのだった。

しかし、宝物の箱には往々にしてがらくたが潜んでいる。「世界戯曲全集」第十七巻でカイザーを翻訳紹介しているのは築地小劇場で育った二人の新劇人、久保栄と北村喜八だが、この二人の解説文が、というより、それらの解説文を生み出した当時（昭和五年）の風潮が、今となってはがらくたとしか呼べないようなしろものなのだ。この人たちは明らかにカイザーの作品に感嘆している（でなければ初めから翻訳紹介しなかっただろう）。そして感嘆しつつ斬り捨てる。曰《いわ》く、「今や、没落の頂上に立っている小市民的作家」「思想的根拠の脆弱さ」「小ブル作家のモノマニャックな主観」等々。「プチブル」「無思想」「没落」はただの合言葉で、この人たちの発言を普通の言葉に翻訳すれば、こうだ。——カイザーの芝居はとにもかくにも面白かったし、その舞台技巧はすばらしかった。しかしこの劇作家の作風は現在のマルクス主義的あるいはスターリン主義的文芸理論の枠には全然あてはまらない（久保栄は、カイザーがソビエトの演劇界に受け入れられなかった事実を挙げている）。従って、われわれはこの劇作家を斥けなければならない……

こうして、カイザーは実際に斥けられる。かつて感嘆したこともあった久保、北村のような人たちが亡くなったあとは、この作家の「面白さ」が顧みられることさえ皆無となる。もちろん復活上演は行われない。私がカイザーの舞台を観たことがないのも道理。エルンスト・トラーの場合と同じように、何十年もの歳月が空しく流れ、時折、ドイツや英米の文芸学者や研究者たちが、現実の芝居の世界とは概《おおむ》ね無関係な場で「カイザー・シンポジウム」を開いたりするだけだ（日本にはそういう研究者すら、いない）。

「没落」について一言。極東日本であっさりと没落を宣告された昭和五年（一九三〇年）以降、一九三八年にスイスへ亡命し、一九四五年にその地で病没するまでに、カイザーは二十篇の戯曲を書いた（生涯の作品数は七十一篇！）。その二十篇のうち、生前に上演されたものは七篇。ドイツでの上演は一篇（一九三三年）、あとの六篇はスイスやウィーンでの上演だ。ナチス・ドイツで全面的に上演を禁じられたことを、いくらなんでも「作家の没落」と呼ぶ人はいないだろう。それならば、二十篇の芸術的価値は？　私の判定を申すなら、作風の微妙な変化はあっても、芸術的レベルの低下は最晩年まで概して見られず、少なくとも半数の十篇は今日唯今の上演に堪える力強さを備えている。この判定の割合は、一九三〇年以前の五十一篇にも当てはめることができると思う。カイザーに限らず、ほんものの芸術家は世の移り変りや自分の老化によって、そんなに容易《たやす》く劣化したり衰えたりはしない。没落の宣告は多くの場合、無効だ。

では、この劇作家は七十一篇もの作品によって「何を言わんとしていた」のだろう。この人の核心は何によって形作られていたのか。初め、カイザーは観客の期待の織物を裏返し、全く異なる図柄を示すことに熱中していた。先に述べた『ユダヤの寡婦』がその一例で、他にも、「トリスタンとイゾルデ」物語の善良なマルケ王が実は陰険な焼餅焼《やきもちや》きだったという『寝取られ王』(一九一〇)とか、ジャンヌ・ダルクの戦友の「変質者」ジル・ド・レーが実はジャンヌに恋する純情男だったという『ジルとジャンヌ』(一九二二)とか、いろいろある。このたぐいの新解釈や新説を突き詰めると、どういうことになる? その答は、歴史上あるいは伝説上の有名人が、最低限、カイザーの芝居の中では変貌したということだ。それらの人物の実態がどうだったかは、この際、問題ではない。それはどうでもいいことであって、どうでもよくないのは、然らば人間一般は現実に変貌することができるのか否か、という大問題の行方なのだ。

人は変るのか、変らないのか。時代や環境は確かに変化するが、それにつれて人は変るのだろうか。もし人がほんとうに変れば、時代もそれにつれて変るということがあるのかどうか。そもそも人は変りたいと思っているのか、いないのか。一九一九年、ワイマール共和国が成立した直後のドイツで、カイザーは『地獄、道、大地』という作品を書いた。この芝居では、一人の貧乏絵描きがきっかけを出すと、エゴイストの貴婦人や、法の化身のような弁護士や、秩序維持のことしか頭にない刑務所長や、金勘定しか知らない宝石商など、すべての登場人物が、台詞としぐさのほとんど魔術的なプロセスによって別人格に変化し、理想郷をめざして、朝霧のたちこめる大地を歩み始める。しかし、「人は変る」という信念を披瀝した芝居は生涯を通じてこれ一篇だけで、カイザーの作品の圧倒的多数は「人は変らない」という認識に支えられている。つまるところ、この劇作家の辿り着いた地点では、人は滅多なことでは変らぬものとして苦しげに立ちつくしているのだ。但し、「変化」は生来、人の心と肉に巣くっている本質の一部で、人そのものが変っても変らなくても、本質を取り除くことや無視することはできない。

このように厄介な「変化」を抱えこんで、人はどう生きるのか。カイザーは両極端を提示している。繊細な者、弱い者は、この原罪にも似た「変化」が内側から圧力をかけてくるのに耐えきれず、分裂へ、錯乱へと頽《くず》れてゆくだろう。『オリヴァ反復』（一九二六）（久保栄訳では『二人のオリイフェル』）で、主人公の寄席芸人は病身の妻と年頃の一人娘を抱え、持ち芸の「百面相」は流行遅れになり、苦しい生活を余儀なくされている。たまたま寄席に来た大金持の女性は、主人公オリヴァの百面相の一つが自分の愛人に生き写しであるのを見て、愛人の不在の間、寂しさを紛らすために、大金を払ってオリヴァを雇う。女の豪奢《ごうしゃ》な邸宅に通い、まるで絵のモデルのように一定時間をこの女と過ごすことを繰り返すうちに、主人公の錯乱は始まる。やがて長旅から帰ってきた女の愛人をオリヴァは撃ち殺し、殺されたのは自分自身であるかのように、倒れて動かなくなる……

だが、より恐ろしいのは、もう一つの極端——繊細でもなければ弱くもない者の対応の仕方だ。そのような者は自分の原質としての「変化」をきわめて直接的に受け止めるので、ひとたび何らかの変化を体験したあとは、変化した自分というものを絶対視するだろう。絶対視の結果として、自分自身はかたくなに固定され、ほとんど神格化され、不可侵のものとして扱われるだろう。外界は遠ざかり、時間は停止し、不可侵のものは遂には超現実的な、超越的な存在となるだろう。『ロザムンデ・フローリス』(一九三七)(初演は作者の死後の一九五三年、オペラ化されたものは一九六〇年初演)の女主人公の場合、変化はすなわち恋愛だ。すでに両親をなくし、身寄りのないロザムンデは、第一幕冒頭から「恋する自分」に酔っている。相手の男、ウィリアムは熱帯の任地にロザムンデを連れて行けないことを嘆くが、女は「これからは永遠に現在がつづく」のだと言い、どれほど離れていても、明るい月を介して想いを伝え合おうと二人は約束する。(月が鏡であったなら、という唄があった。今風にいうなら、「月は愛の通信衛星」だ)。

次の場面は、裕福な画家の邸宅での仮装パーティ。アマゾネスに仮装したロザムンデは暗い屋根裏部屋で、エルヴィンというおとなしい青年を誘惑しようとするが、青年は怯えてあとじさりし、非常口のハッチから墜落して死ぬ。

悲嘆に暮れるエルヴィンの両親、ベンラー夫妻の家に、ロザムンデが現れ、エルヴィンの子を身籠《みごも》っていると言う。「弟の不始末を償うため」に、エルヴィンの兄のブルーノは、自分の婚約者を捨て、ロザムンデと結婚すると宣言する。結婚、出産、第一幕の終り。

僻地で奉仕活動をしていた看護婦ワンダは、突然の婚約解消の手紙に驚いてベンラー家を訪ね、いきさつを聞いてロザムンデに会いたいと言う。ロザムンデは風邪をひいて寝ている。月の明るい夜、外に出ていたので。

病人の寝室で、ワンダはふと思いついて、カーテンをあける。射しこんだ月光の中で目覚めたロザムンデの恍惚《こうこつ》たる独白。その独白の中で事の真相はすべて明らかになる。物陰でワンダがそれを手帳に書きとめる。

庭で、ワンダはロザムンデの策略を責める。石塀の上から崖下へ突き落とされて、ワンダは死ぬ。

ワンダの残した手帳を読んだブルーノは、ロザムンデを責め、毒入りの水を飲まされて死ぬ。これは自殺ということで、けりがつく。第二幕終り。

ベンラー夫人がロザムンデの子供の顔をつくづく眺め、エルヴィンに似ていないと言う。

湖のほとりで、二人の田舎巡査が、子供を湖に突き落とすロザムンデを目撃する。警部は巡査の話を信用せず、女を釈放しようとする。出て行きかけたロザムンデは戸口で振り向いて、ベンラー兄弟、ワンダ、赤ん坊の四人を殺したことを認め（エルヴィンの墜落死は単なる事故だったのだが）、警部は腰を抜かさんばかりに驚く。

死刑囚ロザムンデが独房から天空の満月を見上げ、ウィリアムの名を呼ぶ。

熱帯のジャングルで、ウィリアムが同じ月を見上げ、ロザムンデの名を呟く。大団円の幕が下りる……

ある批評家はこの女主人公について「非社会的なエロスの自己憑依《ひょうい》そのもの」と言い、この芝居について「閉所恐怖症的実存主義」と言った。だが、ロザムンデは決して特殊な存在ではない。今日この頃、ロザムンデ・フローリスの姿は、あなたの身辺や、あなたの中にも、ちらついていないだろうか。私の中にも。

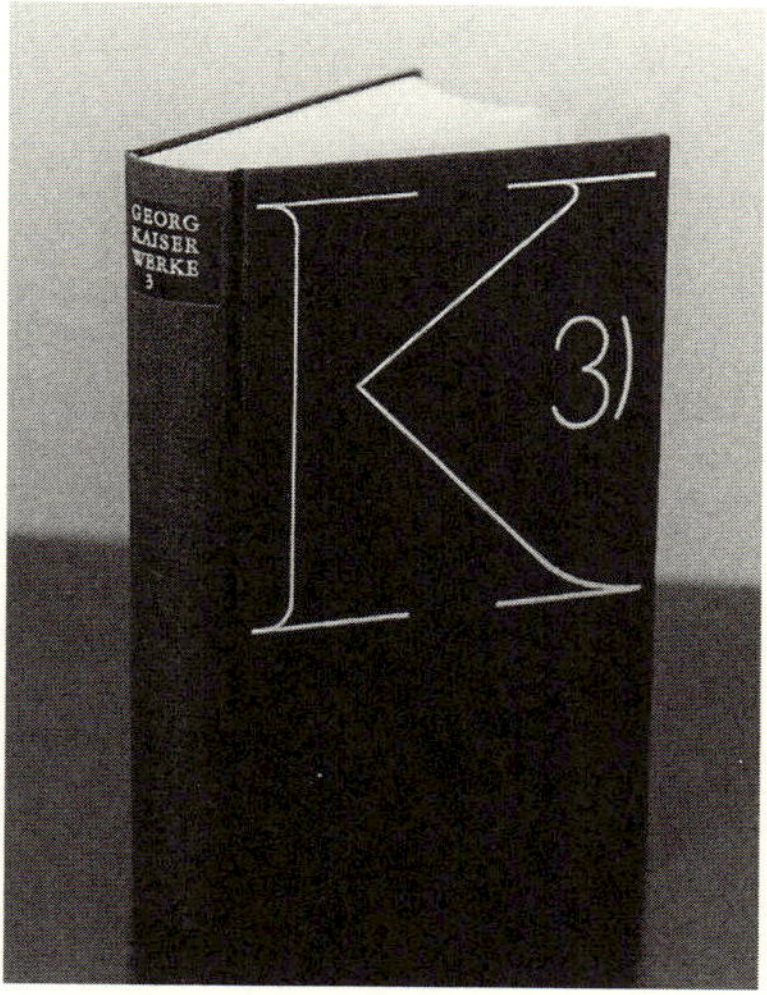

「そんなに優雅に！」

チェーホフの『かもめ』は、湖のほとりの地主屋敷の管理人の娘、マーシャと、その近く（といっても何キロか先）に住む学校教師、メドヴェージェンコとの会話から始まる。

（A）
メド　どうしてあなたはいつも黒い服ばかり着ていらっしゃるんですか。
マーシャ　これはわたしの生に対する喪服ですわ。わたしは不幸な女なんですもの。

（B）
メド　あなたは、いつ見ても黒い服ですね。どういうわけです？
マーシャ　わが人生の喪服なの。あたし、不仕合せな女ですもの。

（C）
メド　どうしてあなたはいつも黒い服を着ていらっしゃるんです？
マーシャ　これ、あたしの人生の喪服なの。あたしは、不幸なんです。

Aは一九二〇年代の、Cは一九五〇年代の、Bはその中間の時期の翻訳だ。（訳者の名前を出さないのは、第一に、大多数の読者にとって翻訳者の名前はどうでもいいことだから、第二に、翻訳者あるいは外国文学者というのは神経が過敏な、少しばかり剣呑《けんのん》な種族だから。だいたい、翻訳の対象への、なにがしかの敬意、愛情、あるいは最低限、無条件の好意といったものがなければ、翻訳の仕事は成立せず、そのことと自分自身のプライドとがないまぜになって、とかく他者からの批評に弱い性格が生まれるのだろう。とんでもないとばっちりを受けたくなかったら、面倒な方々には近づかぬこと。人を殺して時効成立寸前まで逃げまわっていた、例の女性の言葉を借りるなら、「あぶないあぶない」)。

異なる時期の三つの翻訳を並べたのは、翻訳の優劣や変遷を語りたいからではない。むしろ逆に、右のＡＢＣにはほとんど優劣もなければ変遷もないということを、私は言いたいのだ。変遷を云々するなら、ＢはＡとは明らかに若干違うが、ＣはＡと大差ない。もしもＢがＡの一段階先へ進んでいるとすると、Ｃは再びＡの段階に逆戻りしてしまったようにも見える。優劣となると、メドヴェージェンコの科白はＢが一番すっきりしているようだが、マーシャの科白はどんぐりの背比べだ。Ｂはさすがに「生の喪服」といった言葉のぎこちなさを意識して、「わが人生の喪服」などと故意に芝居がかった、照れ隠しのような科白をマーシャに喋らせるが、その結果は新たなわざとらしさと厭味の発生だ。言葉に敏感な観客なら、これら三つのマーシャの科白に、なかんずくＢのマーシャに興醒《きようざ》めするだけだろう。言葉に敏感でない観客は、何が何やらわからないだろう。

客席が徐々に暗くなり、舞台に照明が入り、二人の俳優が登場して、いよいよ『かもめ』が始まる。この一晩芝居の開幕劈頭《へきとう》に似つかわしい魅力が、右の三種類の科白に備わっているだろうか。そう、問題は翻訳の変遷や優劣というよりも、この曰く言い難い科白の魅力、一気に観客を把握する（日本語の）馨《かぐわ》しさの有り無しなのだ。ちょうど音楽会で演奏が始まる瞬間にも似て、さまざまな緊張と期待がぎっしり詰まった劇場の空間に、俳優の最初の科白がぽんと投げ出され、それを観客が捉える。観客は俳優に把握され、同時に俳優を把握する。この瞬時の相互確認がなければ、芝居が始まったとはいえないのではないだろうか。始まった芝居がその先どうなるのか、二人の会話がどのように展開するのか、物語がどのように進められるのか、観客はまだ知らないが、冒頭の相互確認がありさえすれば、二時間や三時間、客席に坐りつづけることは何の苦痛でもない。

ところが、そんなふうにうまくいくことは滅多にないのだ。たいていの場合、暗い客席で客は内心ひそかに呟いている。「どうもよくわからないところがある。面白くない、というより、面白いのか面白くないのかよくわからない。これは翻訳劇だからなのか。こういうことを我慢しなければ翻訳劇を観たことにはならないのだろうか。まあよかろう。安くもないチケットを買ったからには、終《しま》いまで観ていくか」。ちょっと待ってくれと私は言いたい。舞台の俳優たちは日本語（らしきもの）を喋っている。舞台から日本語が聞こえてくるのならば、翻訳劇であろうとなかろうと、芝居の観方に変りがあろう筈はないではないか。

とはいうものの、今までに私が何度か観た『かもめ』の冒頭で、マーシャとメドヴエージェンコの最初の科白がすぐさま、くっきりと、こちらの胸に入りこんできたことは一度もなかった。暫《しばら》く前から『かもめ』はいろんな俳優たちと演出家によって、いくたびも上演されている。あるときは何やら抽象的な装置の中に、二人の俳優がおもむろに出て来て、メドヴェージェンコが、どうしていつも黒い服なのかとマーシャに訊ねる。ここまではよくわかる。だが、この科白を聞いて、客である私がマーシャの服を見るのは当然の反応だろう。次の瞬間、私は文字通り自分の目を疑う。そのマーシャの服は黒ではないのだ！　どれほど目を凝らしても、黒ではない！　一体全体、この演出家は何を考えているのだろう。

また別の『かもめ』では、第一幕の有名な劇中劇の場面で、私は初め吹き出しそうになり、一分と経たないうちにほとほと愛想がつきて泣きたくなる。この地主屋敷に住む文学青年のトレープレフが書いた象徴劇の科白、「人も、ライオンも、鷲《わし》も、雷鳥も……」を読みあげながら、女優の卵のニーナは、何を思ったか（いや、もちろん演出家の指示に従っているだけで、何も思っていないに決まっているのだが）、直立の姿勢で両腕を前に突き出したり、左右にまっすぐ伸ばしたり、ロボットの体操みたいな動きを見せる。そして「人も」と「ライオンも」の間でたっぷり四、五秒、怒ったように沈黙し、つづいて「ライオンも」と「鷲も」の間にも同じ長さの沈黙。以下、読点ごとに間欠的な沈黙を繰り返す。

もう一つ別の『かもめ』の最終幕では、文学にも恋にも敗れて舞台裏でピストル自殺をするトレープレフ青年が、すぐには死なず、母親のアルカージナ（盛りを過ぎた女優）や、その愛人の有名作家トリゴーリンや、その作家にたった今青年の自殺を告げた医師ドールンらがいる舞台へ、血まみれの姿でよろめき出て来て、舞台前面に設《しつら》えてある小さなプール（これが「魔の」湖だというつもり）に倒れこんで死ぬ。ああ、もう、見ちゃいられない。

これらの演出に共通しているのは？　言葉（科白）をなおざりにしていること。黒でないものを黒だと言い、恐るべきロボット体操と機械的な「間」によって科白の意味と流れを抹殺し、すでに観客に科白によって伝えられた事実を幼稚な「絵」にして見せる……

つまり、暗い客席で私たちが退屈を持て余さなければならないのは、俳優たちの拙《つたな》さのためというよりは（それもないことはないが）むしろ、台本に記された科白自体の魅力の欠如と、そのことに（一九二〇年代以来ずっと）気づかぬ演劇人たちの鈍感さのせいなのだ。（いつかイプセンの『ヘッダ・ガブラー』を観て、私と三十五歳年下の娘との意見は一致した。最終幕の結びの科白がどうも魅力に乏しく、なんだか、これじゃ芝居が終ったような気がしないのだ。学者の妻ヘッダがピストル自殺（ここでも！）したのを見て、友人の判事が茫然と呟く。「しかし、なんでまた——こういうことを、人はしないものだ！」。別の人の訳では、「ああ、何ていう。——人は、こんなこと、やらんもんだが！」。じゃ、どういう訳ならいいと思う？　と私は訊ねた。娘はちょっと考えて、笑いながら新訳を捻《ひね》り出した。「こんなこととフツーしねえよな！」）。

一九九六年は『かもめ』のサンクト・ペテルブルクでの初演からちょうど百年めに当たるので、九六年から九七年にかけてのシーズンには、ロシア、イギリス、欧米の演劇人たちが競うようにこの戯曲を舞台にかけた。ロンドンで九七年四月に上演された『かもめ』の新しい英訳を作ったのは、あの『ローゼンクランツとギルデンスターンは死んだ』の作者、トム・ストッパードだ。上演と同時に出版された新訳『かもめ』の序文では改訳の裏話がいろいろと語られていて、これがなかなか面白い。イギリスでは、この戯曲の英訳は優に二十種を超えるといい、ストッパードは冒頭のマーシャとメドヴェージェンコのやりとりの新旧の訳を比較している。

（A）

Med. Why do you always wear black?

Masha I'm in mourning for my life. I'm unhappy.

（B）

Med. You're always in black. Why?

Masha Because I'm unhappy. I'm in mourning for my life.

Aは一九〇九年、Bは一九九四年の訳だ。ごらんの通り、イギリスのAとBの違いは日本とAとBの違いとほとんど同一だが、イギリスのBでは、マーシャの「これは生の喪服」と「私は不幸」の順序が逆になっている。ストッパードは、unhappyはunluckyでもunfortunateでもいいのではないかと言い、二つのセンテンスを一つにした「I'm in mourning for my miserable life」という新案を提出しているが、これは惜しいかな、次のメドヴェージェンコの科白とうまく繋がらないので、結局諦めたという。

こんなふうに、ストッパードの分析や解釈はたいそう鋭く、かつ精密だ。日本の大正期以降の翻訳者たちが、せめてこの半分でも精密に考えてくれていたら、日本語の『かもめ』はよほど面白い芝居になっていただろうにと、つい思ってしまう。例えば

第一幕の劇中劇、あのニーナの一人芝居の科白についても、ストッパードの扱いは的確としか言いようがない。「人間も、獅子も、鷲も、鷓鴣《しゃこ》も、角のある鹿も……」(A)、「人も、ライオンも、鷲も、雷鳥も、角をはやした鹿も……」(B)。だが、死に絶えた生き物の名を列挙するのに、なぜ人の次はライオンで、その次は鷲なのか。この順番に何らかの意味があるのか、それともこれは、いわゆる詩的な、恣意的なイメージの連鎖というだけのことなのか。いや、ロシア語の原文を見よ、と、ストッパードは言う。原文では「人も、ライオンも」は「リュージ、リヴゥイ」だ。Lの軟音の頭韻！つまり、野心的な文学青年トレープレフは、ここでイメージの前面に言葉の音を押し出したのだ。それならば、というわけで、ストッパードはこんな訳文を作る。

Mankind and monkeys, ostriches and partridges...

ライオンは猿へと姿を変えたが、トレープレフの創作の内容は、ひいてはトレープレフという人物の内容は、より正確に伝わってくる。この一人芝居の科白を聞いた母親アルカージナの吐き捨てるような感想「なんだかデカダン風ね」にも、この訳文からならば、うまく繋がるだろう。いや全く、こんな簡単なことに、どうして今までだれも気づかなかったのか。少なくとも活字になった『かもめ』の日本語訳で、この点を意識したものは従来皆無だ。露仏バイリンガルのエルザ・トリオレの仏訳でも、この点では日本語訳と選ぶところがない。大したものではないか、ストッパードという仁は！

この劇作家の新たないくつかの「発見」から、もう一つ。第二幕の後半で、トレープレフが撃ち落としたかもめをニーナに捧げて去る暗示的な場面のあと、名声に憧れるニーナを前に置いて、有名作家トリゴーリンが自分の作家生活をえんえんと語る長科白の中の、こんな部分。

……（駆け出し時代の）わたしは世間というものが恐かった。ものすごい怪物のような気がした。自分の新作の上演となると、いつも、なぜか、黒い髪の人は敵意をいだいている、金髪の人は冷淡な無関心派だと、そんな気がしたものです。思い出してもぞっとする！

……（Bを部分的に修正）

「いつも」というのだから、駆け出しの若者がいくたびも自分の新作の上演に立ち会ったのか？　これはへんだ。ストッパードは結局、これは作者チェーホフの私的告白、あるいはちょっとした「楽屋落ち」なのだと解釈し、この部分の科白を「自分の戯曲がたまたま上演されたときも……」に変更する。そういえば、この「有名作家」トリゴーリンは、トルストイやゾラを引き合いに出して世間があれこれ言うところからすれば、一応、長篇作家なのだろうが、この第二幕の長科白で語られるトリゴーリンの創作生活は短編作家のそれとしか見えない。ここでも、チェーホフは無意識に「告白」をしたのかもしれないし、前後の矛盾を承知の上で若干の「遊び」に身を委ねたのかもしれない。

ストッパードが原作者の矛盾や小さな不手際を決して見落とさず、レベルの高い作業によってチェーホフのテキストの内側までも掘り返し、それでいて全体としてはあくまでも原作の構造に忠実な英語テキストを作ったのに対して、同じシーズン（九六年九月）にアメリカで上演されたこの戯曲のテキスト担当者、かのテネシー・ウィリアムズは、全く異なる態度で作業に臨む。「原作をもっと近くに引き寄せ、今までにアメリカで上演されたいかなるチェーホフよりも、ずっとよく聞こえるチェーホフにしたい」と意気込んだウィリアムズが、この『トリゴーリンの手帳——チェーホフの「かもめ」の自由な翻案』を書いたのは、最晩年（一九八〇年、没年は八三年）のことだった。そのときはごく不完全なかたちでしか上演されなかったこの作品は、このたびは質の高い演出家、俳優、スタッフに恵まれて、なかなかいい舞台になり、「これを観たらチェーホフは墓の中できりきり舞いするだろう」と言った評論家もいたらしいが、おおむね批評は好意的だったそうな。

ウィリアムズは大学時代、論文の宿題にチェーホフ論を書き、『ガラスの動物園』以後も『かもめ』を演出することが生涯の夢で、あるとき「あなたに大きな影響を与えた劇作家の名前を三つ挙げて下さい」と言われて、『チェーホフ！ チェーホフ！ チェーホフ！」と答えたほど、このロシアの劇作家を愛していた。『かもめ』の演出を長いこと夢みる間に、ウィリアムズの主な関心はトレープレフ青年から次第に作家トリゴーリンへと移り、そのあたりから『トリゴーリンの手帳』という題も生まれたのだという。（ちなみに、私の関心は若い娘ニーナから、今や、女優アルカージナの病弱な兄、ソーリン、何か喋っていたと思うと次の瞬間、大きな鼾《いびき》をかいてしまう、あの悲しい老人へと移っている）。

原作を「近くに引き寄せ」ようという意気込みは、例えば、ニーナの産んだ赤ん坊が実は死んだのではなく、里子に出され、その里親はアメリカへ移住した、という設定にも微笑ましく現れているが、ウィリアムズの筆致は当然のことながら、原作者よりも大胆で、どぎつい。ここでも冒頭の科白を読んでみよう。

Med. Masha, tell me, why do you always wear black?
[She is obviously inattentive to him.]

ごらんのように、マーシャはもはや返事をしない。野暮で平凡なあんたに「生の喪服」などと言ってみたところではじまらない、というわけだ。

それにしても、このウィリアムズの翻案を読んで驚いたのは、各幕に少しずつある独白部分をきれいさっぱりカットしていること（ストッパードも自分ではしなかったが、独白はいっそカットすることが望ましいと述べている）、そして第二幕のトリゴーリンの作家生活を語る長科白もみごとにカットされ、代りに三分の一ほどの長さの、全く異なる科白が入れられていることだった。

ニーナが、トリゴーリンに言う。今までに読んだ作家の中で、女の気持を理解しているのはあなただけだと思う。すると作家は突然語り始める。モスクワの、文学者たちが集うカフェでの出来事。女が書ける書けないという話から、ある男が断言する。トリゴーリン、きみは女を書ける少数の作家の一人だ。トリゴーリンは褒められたと思って、少し顔を赤らめる。普段は敵対的なその男は、しかし、ねちねちと話を進める。きみにはある種のやさしさがある。目のあたりがとてもやさしい。だが、文学はほんらい男の仕事であって、真の作家に欠くべからざる男らしさが、きみにはどうも不足しているというか……「私は〈やさしい目〉でそいつをまっすぐ見つめて言いました。『やけにデリケートな攻撃の仕方だね。ここにいるだれもが知ってることだ。はっきり言ったらどうかね。そのほうが、きみという恥知らずの三文文士に似つかわしいよ』。男は猥褻《わいせつ》な一語を口走り、口に含んだ赤ワインを私の顔に吹きかけました」。

これは作家トリゴーリンではなくて、ウィリアムズ自身の話ではないか！　ちなみにウィリアムズが「カミングアウト」したのは、この『かもめ』の仕事のほんの五年前だった。

『欲望という名の電車』の作者の大胆な原作改変は、第四幕の大団円に至って最高潮に達する。秋口の嵐の夜、トレープレフを訪ねてくるニーナは、もはや「私はかもめ」と譫言《うわごと》のように呟く敗残者ではなく、疲労と幻滅の中でも自分を見失わぬ強い女だ。ニーナは去り、やがてトレープレフは舞台奥（湖）へ出て行き、その方角からピストルの発射音。エーテルの壜の破裂だと取り繕った医師ドールンは、どこかへアルカージナを連れ出してくれと、トリゴーリンに耳打ちする。原作はここでお終いだが、『トリゴーリンの手帳』では、ゲームのテーブルに凍りついたような恰好のアルカージナに、医師は老女優の昔の栄光を思い出させようとする。オデッサの初日じゃ、カーテンコールに応えるあなたのbowがとても優雅で、評判だったそうですね。ちょっと今やってみて下さいませんか。アルカージナは釣られて立ち上がるが、そのとき舞台奥からゆるゆると近づいてくるランタンと、息子の死体を載せた担架が見える。叫びを押し殺すように片手を口に当てて、老女優はあとじさりする。

〔フットライトまであとじさりして振り向き、アルカージナは観客と向かい合う。長年の演技本能が勝ちを制し、アルカージナはbowする。その表情は悲劇的な別離そのものである。自分の職業との、人生との別れ、深く愛した息子、自分の犠牲になった息子との別れ〕。

「そんなに優雅に！」と、医師の感嘆の声が、薄れてゆく照明の中に残る……

こうして、翻案者テネシー・ウィリアムズは、とうとうチェーホフを通り抜けて、年来の自分のテーマに辿り着く。盛りを過ぎた女性＝限りなく人間的な悲しみの怪物。それをいとおしむ心は、滅びに向かう世界のただなかで、逆方向へと動くだろう。「この美を見よ！」と、ウィリアムズは呼びかける。「この芝居を見よ！」の同義語として。

Lynn Redgrave as Madame Arkadina in the Cincinnati Playhouse in the Park production of *The Notebook of Trigorin.*
Photo © Sandy Underwood; courtesy of the Cincinnati Playhouse in the Park.

事実と原型

草思社の会議室に友人知人を集めて、詩人マヤコフスキーに関する写真週刊誌的情報を披露したのは、一九八八年のことだった。今その記録を読み返してみると（雑文集『雷雨をやりすごす』）、十年前の自分が知らなかったこと、いい加減にしか認識していなかったことがあまりにも多くて、茫然としてしまう。

詩人の生誕百周年にあたる一九九三年を中に挟んで、この十年間はマヤコフスキー研究者には大変な時期だった。「ソ連崩壊」の少し前から、ロシアの研究者たちはマヤコフスキーの生涯と作品について、なかんずく「自殺」の謎について、全般的な見直し作業を始めていた。その筆頭者とでもいうべき人が、一介のジャーナリスト、いわゆる「在野の研究者」だったワレンチン・スコリャーチンだ。この人が八九年から九四年にかけて雑誌に断続的に連載した九つの文章は、昨九八年にようやく単行本として世に出た。これを読んで、私の茫然自失がいよいよ募ったことを、恥ずかしながら白状しなければならない。十年前にいい加減な知識をひけらかした私は、ここでどうすればいいのだろう。もう一度、友人たちを呼び集めて「レクチャー」のやり直しをするか？　いや、単なる修辞ではなく本当に恥ずかしいのなら、もう人前で何かを喋り散らすことはよしにして、とりあえずスコリャーチンを翻訳するのが筋というものだ。そうではないだろうか。

その翻訳をやっと終えた今、私の気分は……落ち着いたようでもあり、いっそう乱れているようでもあり、わけがわからない。詩人マヤコフスキーについて、これからお前は何をするのかと、頭の中から何者かが依然問いかけている。その答は一つしかない。すなわち、「もう何もしないよ」。もともと私は「研究者」という柄ではなかった。幼い頃、マヤコフスキーと出くわして、その魅力に憑かれたことは間違いないが、この詩人を文芸評論的な言葉で裁断し、自分流に仕立て直すことには実は全く興味がなかった。文学とはそうそうたやすく研究できるものではないし、研究してはならないものだとさえ思う。文学作品に接近すること、あるいはそれから離れることはもちろん可能であるばかりか、するだけの価値のある仕事だろう。接近や離反の過程は、いくぶんかは「研究」と重なっているかもしれない。だが接近者と研究者はあくまでも別人なので、私がかつて研究者のように振舞ったことがあるとすれば、それは単にそう装っただけの、まことに不まじめな振舞いなのだ。

ただ、お読みになればわかるように、スコリャーチンの研究＝調査は本人が病死したために未完に終っている。従って、一九三〇年四月十四日午前十時少し過ぎの事件の真相は、最終的には明らかになっていない。私の気分の乱れが治まらないのは、たぶんそのためなのだろう。有能な人、スコリャーチンにとっても、六十年という時間の壁を破ることは容易ではなかった。しかし問題（自殺か謀殺かという問題）解決の糸口がほぼ明らかになり、あと一歩、あと一息、ほんとうに最後の岩のへりに手がかかったという所で、突然の中絶。これはいかにもくやしい。このくやしさを引き継いで、スコリャーチンのし残した仕事に改めて取り組み、真相の絶頂を極める人が、今後現れるだろうか。現れるかもしれないとしても、私はたぶんその仕事の成果を見ることはないだろうなと思うと、気分はますます乱れてしまう。

スコリャーチンの本は、少なくとも二つの事実を明るみに引き出している。その一つは、晩年のマヤコフスキーがほとんど絶望的に秘密警察の包囲網に搦《から》め捕られていたということだ。以前にも「詩人の身辺には秘密警察の影がちらついていた」とか、「心理的な圧迫感」とかいうような表現には出会ったことがあるが、ここで明らかになったのはそんな生易しいことではない。マヤコフスキーは短く見積もっても最後の数週間、四六時中、尾行と張り込みに付きまとわれていた。四月十四日午前十時過ぎにモーゼル拳銃がズドンと鳴るや否や、文字通りあっというまに（民警よりも早く）オーゲーペーウーの三つの課の（！）連中が現場に現れたという、この事実だけでも包囲網の存在は明瞭に証明されている。そしてその数カ月前あるいは数年前からずっと続いていた雇われスパイたちの「通報」と「密告」。

もう一つ明らかになったのは、詩人の最も身近にいたブリーク夫妻、リーリャとオシップが、他ならぬこの雇われスパイの一味に加わっていたという事実だ。十年前の私が知っていたのは、晩年のリーリャ婆さんが外国から来た研究者に「あんたたち知らなかったの？　私はチェカー（非常委員会＝ゲーペーウーの前身）のエイジェントだったのよ」と、脅しとも告白ともつかぬ妙な打ち明け話をしたことだけだったのだが、これまた実態はそんなに生易しくはなかった。昔の私たちには詩人のミューズとも、ベアトリーチェとも見えていたこの女性が、実は秘密警察に籍を置く薄汚い「タレコミ屋」だったという、げんなりするような事実を、追究者スコリャーチンは、公文書、私文書、信書、回想記、手記、新聞記事、証言、身分証明書、入館記録、領収書までも総動員して、有無を言わせず証明してしまう。この人の「文書主義」というか、水際立った「本文批判」には、余分な文芸評論的言辞はほとんど現れず、そのことがまた私にはきわめて好ましかった。

さまざまな「定説」や「評価」からイデオロギーの鎧《よろい》を剝ぎ取り、ともすれば感情や感傷に流されそうになる自分をしっかりと立て直して、「事実」の内陣に突入すること。このようなスコリャーチンの基本的姿勢は、現在のロシア人読者の広汎な共感を獲得したようだ。もちろん、ブリーク夫妻の関係者たち――リーリャの義理の息子や、オシップの評伝の作者、あるいはリーリャを主な情報源としていた外国の研究者などは、スコリャーチンの連載中から反撥の声を上げていた。他にも、かつてインプットされた「革命詩人」の聖なるイメージの毀損《きそん》を絶対に許すまいとする大勢の読者がいた筈だが、そういう人たちの声は、もはや、ほとんど聞こえなかったようだ。操作された読者層、いわばイデオロギー的読者たちが、はなはだ脆《もろ》い、頼りにならない存在でしかないことは、これを見てもよくわかる。スコリャーチンは論敵からの攻撃をまともに受け止め、それに対する反論もまた自分の「調査」の一部であるかのような書き方で連載を続けたが、これは同時に自分の内なるイデオロギー的読者への離別宣言だったと見ることもできるだろう。

スコリャーチンの仕事に刺激されたのか、ここ数年の間に、多かれ少なかれ「スコリャーチン的手法」を用いて過去の文学者たちの非運の実態を解き明かそうとする試みが、いくつか公表された。その一つ、セルゲイ・ポヴァルツォフという人の『死因は銃殺』（一九九六）は、あの『騎兵隊』の作者、イサーク・バーベリの最後の日々の詳細を明るみに出している。

光彩陸離たる『騎兵隊』と『オデッサ物語』を一九二〇年代の半ば頃までに書いたバーベリは、その後、二つの戯曲と映画シナリオなどに手を染めた他は、回想記ふうの短編をぽつりぽつりと発表するだけという状態が何年も続き、世間ではバーベリの「沈黙」が取り沙汰された。一九三四年の作家大会で発言した本人は、「私は沈黙というジャンルの大家でありまして……」とやって聴衆を爆笑させている。（これが私には、かねてからどうも不可解なことだ。ロシアに限らず、日本でも、その他の国でも、作家の作品発表が少しでも間遠になると、どうして世間はそのことを問題にするのだろう。「最近は何か書いていらっしゃいますか」「この頃はあまり作品を拝見していませんが」「どうしてお書きにならないのですか」等々。そもそも作家はだれかに頼まれて書き始めたのではないし、何らかの契約に縛られて書きつづけるのでもない。アメリカの流行作家が出版社との契約に苦しむ話はよく聞くが、それはむしろ例外的な現象だ。作家の沈黙や饒舌《じょうぜつ》が、世間と何の関係があるというのだろう。愛読者の期待？ いいや、この場合の愛読者はむしろ、若い夫婦に「お子さんはまだ？」と無遠慮な質問をする俗物の同類なのだと思う）。

一九三九年五月の逮捕の際に、バーベリの身のまわりの品々はことごとく押収され、その中には完成した未発表の新短編集の原稿があった。脱スターリニズムの時代になって、バーベリ夫人はこの原稿を探しつづけるが、「情報公開」の進んだ現在なお、貴重な原稿は行方不明のままだ。どこかに仮死状態で横たわっているのか、それとももすでに破棄されたのか。いずれにせよ、ブルガーコフの金言「原稿は燃えない！」もここでは形無しとしか言いようがない。

消されたのはこれだけではなかった。三〇年代の中頃、あるシナリオ作家がバーベリに言う。「この頃はあまり書いていませんね」。「そんなことはない」とバーベリは答える。「発表していないだけで、書いてはいるんだよ。現に長篇を一つ、まとめたところさ。今度、友達の家で最初の一章を朗読するんだけれども、聴きにくるかい？」。行きます行きますというわけで、シナリオ作家はその家へ出向く。広くもない部屋では、バーベリの新作朗読を口コミで伝え聞いた人たちが主役の登場を待っている。約束の時刻に少し遅れて現れたバーベリは、一人の小柄な男を伴っていた。「みなさん」

と真顔でバーベリは言う。「御紹介します。こちらは有名なトロツキストの……さんです」。みんな真っ青になる。粛清時代のただなかだ。トロツキストと同席したというだけで、どんな目にあうか知れたものではない。一同の恐怖と狼狽の表情をひとわたり眺めてから、我慢しきれなくなってバーベリは笑い出す。小柄な男はモスクワ競馬場専属の騎手だった。『騎兵隊』の作者は馬については非常に詳しく、馬主や騎手とも親しく付き合っていた。

こういう少々どぎつい冗談で人を驚かすのは、この作家の癖《へき》だったのだという。「バーベリと会って驚かされなかったことは一度もない」と、ある友人は回想している。この日、バーベリが朗読したのはまさしく長篇の出だしの一章で、シナリオ作家によれば非常に面白い作品だった。主人公は地方都市の秘密警察に勤める有能な活動家だが、体をこわして故郷の田舎町に帰る。町の人たちは主人公の仕事については何一つ知らず（あるいは主人公がゲーペーウーであることは町中に知れわたっていて――ここのところ、シナリオ作家の記憶は曖昧）、つまるところ、秘密警察の男ははなはだしい孤立感に襲われる……というような話だったとか。『騎兵隊』の作者は馬《ば》匹《ひっ》関係者だけではなく、軍人や秘密警察の人間とも親しくしていた。とかく口舌の徒になりがちな文学関係者よりも、こういう「実行者」タイプの人間が好きだったのだという。あの躍動的な『騎兵隊』を思い返してみれば、充分に頷《うなず》ける話ではないか。シナリオ作家はやがて収容所に送られ、スターリンの死後、社会復帰して、今、この『死因は銃殺』の筆者と対座している。「それで、その長篇の原稿は？」とポヴァルツォフは勢い込んで訊ねる。残念ながら行方不明。ただ、シナリオ作家はあるとき作家同盟幹部のファジェーエフと会ったことがあり、ファジェーエフもバーベリのこの長篇のことは知っていた。作家同盟幹部の話によれば、スターリンもこの長篇を読んでいて、これはなかなかいい作品だが、今すぐ出版するのは無理だろうと宣《のたま》ったとか。そして五十部だけ特別に印刷させ、それを党上層部の連中に配ったのだという。「だから、今に、どっかから、ひょっくり出てくるかもしれないよ」……

三九年五月、逮捕につづくプロセスは、日本の特高の場合も、ソビエト内務人民委員部の場合も、似たようなものだ。外界から完全に隔絶された一週間前後の拘禁。容疑者の孤立感がクライマックスに達した頃を見計らって、早朝または深夜に取調室に引き出される。バーベリの数カ月後に捕まったメイエルホリドが獄中からモロトフに宛てた手紙。「……取調官はひっきりなしに繰り返しました。『（供述書を）書かないのなら何度でも殴ってやる。頭と右手だけ残して、あとは全身ぐじゃぐじゃの血の塊になるまで殴ってやる』……政府高官のあなたにお願い致します、私を助けて下さい、私に自由を返して下さい……」。バーベリは逮捕の二週間後から供述調書の作成に協力し始める。その二週間の間に何があったのか、拷問があったのか否かは不明だ。あったとしても、恐らくバーベリは逸早《いちはや》く、暴力という名のシニシズムを浴びるよりも文書作成における戦いを選んだのだろう、とポヴァルツォフは言う。被疑者は供述書を書き、それを下敷きにして取調官は調書を書き、被疑者に署名させる。調書が現実の力関係において供述書を凌ぐだろうことは初めからわかっているとはいえ、今日まで残されている両方の文書を突き合せてみるなら、究極の軍配はどちらに上がるだろうか。

バーベリの容疑、というより初めから定められていた罪状は、反ソビエト・トロツキスト組織への加担と、国際的スパイ活動ということだった。その線に沿って、取調官はバーベリの簡潔な文章をrewriteする。例えば、評論家ヴォロンスキーの家で催された作家たちの自作朗読の会に、トロツキーがラデックを伴って現れた場面は、次のように描かれる。

〈バーベリ〉ヴォロンスキーの家で（一九二四年あるいは二五年に）朗読会が開かれ……朗読が終ると、トロツキーは私たちに今後の創作計画や過去の経歴などを訊ね、最近のフランス小説について少しばかり語った。今でも覚えているのは、ラデックが会話の流れを文学から政治へ誘導しようとして、その試みをトロツキーに阻止されたことである。

〈調書〉トロツキーはバグリーツキーの朗読した詩を褒め、それから私たち一人一人の創作計画や過去の経歴などを順番に訊ねた。そしてわれわれは新しいフランス文学にもっと学ばねばならないという内容の短い演説を行なった。今でも覚えているのは、ラデックが会話の流れを政治的主題に向けようとして、こう言ったことである。「バグリーツキーのような詩は何十万部も刷って大いに普及させなければならんのに、今の中央委員会の連中にはそういうことは到底期待できないからなあ」。

トロツキーは鋭い目でラデックを見つめ、話は再び文学の問題に戻った。トロツキーは、私たちが外国語を知っているかどうか、西欧文学の新作を研究しているかどうかを訊ね、そういう努力がなければ今後のソビエト作家の成長発展は考えられないと言った。これにて私たちとトロツキーとの話し合いは終った。

問　その後、トロツキーと会いましたか。

答　いや、その後はトロツキーと一度も会っていません。
問　それは本当かね？
答　本当です。その後どこかでトロツキーと会ったことは一度もないという私バーベリの供述の信憑性については、お調べになればわかることです。

秘密警察の取調官の脚色能力たるや、ちょっとしたものではないか！「ルビャンカ（秘密警察本部）の劇作家」と、ポヴァルツォフはこの取調官に綽名《あだな》をつけている。こういう人間に自分の文章がねじ曲げられるとわかっていたことで、バーベリはかえって書きたいように供述書を書けたのかもしれない。「トロツキスト評論家」ヴォロンスキーの「悪影響」を語っている次のようなバーベリ自身の一節に注目せよ。「ヴォロンスキーの基本的な戒めの一つは、私たちは自分自身に、自分の文体やテーマにあくまでも忠実であらねばならないということだった。私たちの周囲ではすべてのものが変化していくけれども、作家は自己の内側でのみ成長し、精神的に充実していくのである。この内的プロセスは、外部からの影響とは無関係に進行することが可能である……」。

ねじ曲げるなら勝手にねじ曲げるがいい。どんなに歪曲しようと、歪曲し残した部分は必ずある筈だし、ねじ曲げられたかたちから原型を思い浮かべることも決して不可能ではない……と、バーベリは最後に呟いていたのだろう。今、まさしく、取調官や検事の稚拙な作文と一緒に、バーベリの原型を私たちは読むことができる。この場合、やはり、原稿は燃えなかった！

処刑記録によれば、一九四〇年一月二十六日が二十七日に変ってまもなく、深夜一時三十分、イサーク・バーベリは他の十六人の死刑囚と一緒に銃殺された。銃殺の場所は不明。遺体は直《ただ》ちに焼かれ、遺骨が埋められた場所のみ数十年後に遺族に告げられた。この作家の墓は、どこにもない。ポヴァルツォフは最後に、バーベリ殺しに関わった者ら、スターリンとベリヤを筆頭とする三十五人の名前を列挙し、こう結んでいる。「このリストは完全なものではないが、血腥《ちまなぐさ》い虐殺のメカニズムを理解するには充分に有効であろうと思う。だが、理解することは赦《ゆる》すことを意味するわけではない」。

*

スコリャーチンを翻訳している間に読んだ、もう一冊のことを、「おまけ」に付けよう。

『リーリャ・ブリーク、ヴラジーミル・マヤコフスキー、その他の男たち』（一九九八）

という、座りのよくない題名の（リーリャは男ではない！）、装釘《そうてい》は小ぎれいな、薄いペーパーバック。これは要するに、スコリャーチンらの研究によって声望を失墜したリーリャ・ブリークを、可能な限り擁護しようという本だ。著者は、リーリャの最後の伴侶だったマヤコフスキー研究者カタニャンの息子、ワシーリー・カタニャン。

　この人は一九二四年生まれだから、ここに描かれたリーリャの生涯のうち、前半については義理の母から直接聞いたことを、そのまま記しているようだ。盛りを過ぎた女性の「自慢話」はあっけらかんと展開される。唯一のテーマは「どれだけ男にもてたか」。女学校在学中に妊娠し、田舎の遠縁の家で始末をつけたこと（産んだのか堕ろしたのかは不明）。ドイツ留学中に「二股」をかけたこと。よくない噂は自然に広まって、オシップの両親は息子とこの女性の結婚に反対だったこと。結婚後もいっこうに改まらぬ行状のかずかず。物欲と支配欲。終始変らぬモットーは「リーリャはつねに正しい」。

　晩年のリーリャは自分の男遍歴をべつに隠そうともせず、思いのままに生きたことを悔やんではいなかった。カタニャンは「時代の申し子」という線に、この女性を位置づけようとする。モダンで、我が強く、奔放な女性。「非凡な」「並外れた」という形容詞がしきりに用いられる。でもね、と私はこの本の著者に言いたい、リーリャほど目立たなかったにせよ、同じような女性は日本にもざらにいて、「フラッパー」とか「淫乱」とか呼ばれておりましたよ。「非凡」だなんて、そんな……

リーリヤと秘密警察の浅からぬ関係について、この本は、もちろん、みごとに口を閉ざしている。

箸休め

亡霊の消滅

二十年余り前、長岡三夫の最初の詩集『亡霊郷土』の中の「ある日の私と天皇日記」について、「低く構えた姿勢と、絶望的な含み笑いと、カメレオンのような分裂的な視線」と私は書いた。今読み返しても、この悪夢のような作品の特異な魅力はさほど薄まっていない。「人も羨《うらや》むほど　どちらからともなく寄り添って　私と天皇は……」。この「人も羨むほど」という常套句の用い方は、当時のいわゆる「アングラ」演劇や「ピンク映画」などにも見られたカウンターカルチャーの勢いを思い出させるが、今改めて付け加えなければならないのは、このような色鮮やかな傾向は『亡霊郷土』のほんの一部分にすぎないということである。他の大部分の作品でも、もちろん、姿勢と視線は保たれているけれども、「絶望的な含み笑い」はむしろ「不幸そうな微笑」

あるいは「微かな頽の弛《ゆる》み」と言い直すべきだろう。都会のさまざまな事象の狭間のような所で、作者はほとんど一貫して戸惑い、内省し、疲労している。詩句として現れたものは、繊細であり、断片的であり、ともすれば散り散りになりがちな言葉はほの暗い意思によって辛うじて散逸をまぬがれている。

第二詩集『遁氓賦』は前詩集のほの暗い部分の延長であり、そしてまた、次の段階を迎えるための醱酵《はっこう》でもあるように見える。第三詩集に再録された「釣針状思考」などの他にも、例えば「都市図破り」に描かれた幻想と執念は、それだけでは終りそうもない、新たなものの出現を充分に予想させる、進行形の響きを発しているかのようだ。破っても破っても「忽《たちま》ち氷のはりつめる速さで」復元し村の風景を覆う都市図との格闘は、偏執的かつ感動的である。低く構える習性に縛られた作者にも、ようやく造形意欲の秋が訪れたということだろうか。

次の『軟結晶の中の偶景』を作者は「私的な地形論」と呼んでいるが、私はこれを文学的地政学と呼びたい。『亡霊郷土』とは比較にならぬほど硬質かつ晦渋《かいじゅう》な方法によって、長岡三夫は郷土の地形に活発な動きと論理を導き入れる。最も目立つ動きは、都会を通り抜けて村へ、村を通り抜けて都会へ、という互いに擦れ違うかのような運動であり、そこには無数の二重写しと、新たな概念が援用される。「村市街《ムラマチ》」という重要な概念、街にかぶせられる餅焼き網の構造、土地の陸封、蚕棚とアパート、街と集落の相互転写、等々。田畑は「並べられた太陽電池のように光る」。この地政学を展開するうちに、人は「泥土が洗われてあらわになってくる他殺死体の白骨を見つめているような興奮」に襲われる。確実なイメージと情感に支えられて、作者の幻想と悪夢はここで最高潮に達している。

ところで、この定本詩集の最大の問題だと私が思うのは、最後の「未刊詩篇」の部分なのである。郷土の植物や果実や食物の一つ一つに関する平明な随筆にも似たこれらの詩篇には、もはや幻想もなければ悪夢もない。直前の『軟結晶の中の偶景』の燃焼や高揚はどこへ消えたのだろう。亡霊＝郷土は突然息を吹き返したように見える。思いがけず蘇《よみがえ》った亡霊を前にして、作者はなすすべもなくうなだれているように思われる。

いや、詩の答は決して一つではない。別の角度から見れば、亡霊は何らかの事情により完全に消滅したのかもしれない。すでに悪夢もまた遠ざかり、作者はここで初めて、郷土の植物や食物を、平明な大気の中で、あるがままに眺め、いとおしんでいるのかもしれない。いずれにせよ、造形の激動は去った。そのことを惜しむ気持が湧き起こるのは、いかんともしがたいのだが。

ここ三十年ほどの間に長岡三夫を巻き込んで、何やら突風のように通り過ぎたもののことを、私は想う。例えば、詩をも含むカウンターカルチャーの興隆と衰退。もちろん、人は状況に一方的に左右されるだけではなく、たとえ僅《わず》かでも状況に働きかけ、そのことによって状況を外から眺めるという幻想を獲得できる筈なのだが。そのような幻想の獲得こそが生きるということである筈なのだが。しかし、私たちが物理的には絶対に時代を抜け出せないこともまた事実である。とどのつまり、私たちは悼《いた》む。ひとたび激動が過ぎ去れば、それだけが人間に残された唯一の仕事なのだとでもいうように。

五十年

「雨でも来いよ」と、元いたずらっ児の幹事に電話で念を押され、ほんとうに、あまり外出したくもない雨ふりになってしまった日曜日の夕方、場末の中華料理屋の二階の座敷にも、雨または霧に似たものがじっとり立ちこめているようだった。

顔を思い出せない。名前を思い出せない。手探りで辛うじて思い出したとしても、両者はそれぞれ無関係にふわふわと漂って、なかなか収まりがつかない。

頭の地肌の透けて見えるこの老人たちがみんな小学校の同級生だというのは、本当のことだろうか。おめかしをしたあの初老の婦人たちが、その昔、隣のクラスの喧《やかま》しい女生徒だったなどと、果たして信じられるか。

過去は別世界だ。小学校の六年間だけではなく、その後の五十年をも包含する恐るべき別世界だ。ここに集まったのはその濛々《もうもう》たる世界からやって来たエイリアンたちだ。私ももちろんエイリアンだ。

誰もが多少とも無理をして「旧友に再会した喜ばしさ」を演じているが、酒が進むにつれ、演じることは大した苦痛ではなくなる。

一人、消息の専門家のような男がいて、欠席した級友たちの職歴やら現状やらを、コンピューターのような速さで語ってくれる。

それなら、よく一緒に遊んだあの女の児、数年前に病死したというあの女性は、何の病気で死んだのか。消息専門家もそれは知らない。ほかの誰も知らない。

眼鏡をかけた、ほっそりした体つきの元女生徒が寄ってきて、あなたがいつか音楽雑誌に書いた文章を読みましたと言う。

それというのも、この婦人は長年にわたって音楽関係の事務の仕事をしてきたからで、それはまた父親が昔オーケストラのメンバーだったからだという。

天啓が閃《ひらめ》いた。「お父さんは何の楽器を」「ヴァイオリンです」「あなたのご兄弟は大勢じゃありませんか」「ええ、私は長女で、弟たちが五人いますけど」

昔、近くの銭湯で、一団の男の児たちが父親の前に列をつくり、順番にタオルで体を拭いてもらっているのを見た。次の日、同じ父親がオーケストラの最前列でベートーベンの第七交響曲の終楽章を演奏するのを見た。「子だくさんのヴァイオリン弾き」のイメージは五十年の間に私の中でほとんど伝説のように遠ざかり、薄れかけていたのだった。

それは間違いなく父です、と婦人は言う。

終戦の前後、ヴァイオリニストは東京に残り、家族は北陸に疎開した。ある日、父から連絡があり、「セヴィリャの理髪師」序曲をラジオで放送するから、聴いておいて欲しいという。だが、一家はすでにラジオを米に換えてしまったあとだった。長女はアパートの廊下をうろつき、ようやくラジオをつけている所帯を探しあて、かすかに洩《も》れてくる「セヴィリャの理髪師」を風の吹き抜ける廊下に立って聴いたのだった。

懐かしそうに喋っていた婦人が、ふと口をつぐんだ。湧き水のように、涙が眼球を覆い始めた。

爆発的な笑い声。

元いたずらっ児の幹事が笑いながらしきりと何か言い募っている。その相手は、岸田劉生の「麗子像」をそのまま大人にしたような顔かたちの元女生徒で、これまた笑い崩れながら元いたずらっ児に言い返す。と、幹事はいきなり両手の人差指と親指で、餅《もち》でも千切るように「麗子像」の両のほっぺたをつまんで引っ張る。つまむ者も、つままれる者も、まわりで見ている六十過ぎの同級生たちも、みんなしどろに笑っている。

すでにとっぷり暮れたが、雨はふりつづいていた。時の経過そっくりに中断の気配すら見せず、冷やかに、知らん顔で。

犬の船頭

テレビで政治討論会をやっている。出席者の一人は大統領選挙の立候補者だ。その落ち着き払った顔に、ふと、前後の脈絡なく苛立ちの影が走る。おや、これは旅の直前、東京のテレビで見た都知事選の立候補者の顔を走った影と、全く同じものではないか。

政治家だって人の子だから、おのれのすることは決して無意味ではないと、常日頃、自己確認をせずにはいられないだろう。ただ、選挙キャンペーンという大いなる空虚のなかで、なんの前触れもなく、その自己確認が一瞬にして崩れかかったりもするのだ。

折しも、作家バルガス・リョサのインタビュー記事が新聞に載っている。「もろもろの政治イデオロギーというやつ、これもまた、実は単なるフィクションにすぎないのですが、いや、これは科学だ、あるいは歴史の法則だと、イデオロギーのほうでは自己主張するわけです」。

風邪をひいて、頭が重く、咳が出る。しかしせっかくパリにいるのに、ホテルの部屋でテレビと新聞だけが相手というのは、はなはだ面白くない。少しは観光客らしく、名所などを訪ねてみようか。

例の「北ホテル」が徒歩十分ほどの所にあるらしい。数年前の情報では改装中ということなのだが。

こちとらは熱狂的な「北ホテル」ファンではない。カルネの映画はもちろん観たが、作品としては「霧の波止場」のほうがずっとよかったと思う。ところが昨年死んだ明治生まれの長兄ときたら、この映画となると、ほとんど涎《よだれ》を流さんばかりに、わななきながら懐かしむのが常だった。何がそれほどの魅力だったのだろう、戦前に青春の最初の頁を開いた世代にとって。たぶん、答はあの俳優ルイ・ジューヴェ、あの落ちぶれやくざ、独特の「やさしい悪党」のイメージなのだ。かつてわれわれの所では自由は悪だった。悪なしの自由はありえなかった。

サン・マルタン運河の水は黄土色に濁り、紛れもないどぶ泥の匂いを発散している。

それでもパリジャンの太公望が何人か、てらてらに磨きあげた自慢の釣り竿で、へら鮒《ぶな》のような小魚を釣っている。運河に面した両岸の建物には「貸します」「売ります」の張り紙が目立ち、通りでは車の往来も途絶えがちで、ここらがさびれた一廓《いっかく》であることは隠しようもない。

見つけた。だが、正面の「北ホテル」の文字がなければ、これがそれとはわからなかっただろう。殺風景な、ただの白塗りの立方体で、古き良きパリの香りなど薬ほどもありはしない。ここにも「貸します」の札が出ているが、一階は明らかに無人状態で、テナントはまだ入っていないようだ。

建物正面の右端に、高さ一メートル足らずの、文学散歩のための案内板が設置されている。ここがウージェーヌ・ダビのポピュリスト賞受賞作品の舞台であること。けれども、小説よりもむしろ有名なのは、マルセル・カルネ監督の同名の映画であり、それにはルイ・ジューヴェ、アルレッティなどが出演していたこと。

もうこの世にいないアルレッティがかつて上がり下りした運河の橋。暇そうなご隠居たち二、三人と並んで、その橋の上から通過中の砂利運搬船を見下ろす。二つの水門に挟まれている船の甲板では、船頭と、雑種のイヌ一匹と、なぜかアヒル一羽が、水位の上昇を待っている。逆巻き流れ込む黄土色の臭い水。

やがて水の流入がとまった。さあ、ここからはぼくの出番、とでもいうように、イヌはとことこ船首へ歩いて行って、前足を揃えたいい姿勢で水門が開くのを見守る。ヒトの船頭はみごとな一挙動で舫《もや》い綱《づな》を外し、砂利船を慎重に前進させる。苔だらけの観音開きの水門が再び閉じ、イヌとヒトとアヒルはその向こうに消える。

要らない

父親が死に、一家で東京へ出てきたら、たちまち上の姉が結核療養所に入る。その妹は結核性脳炎で死ぬ。昭和十年代のことです。娘二人を不治の病に奪われた未亡人の家。そこを訪れる者といったら決まっていますね。そう、宗教の勧誘です。

母は小学校を出てから実科女学校に少し通っただけの平凡な女でしたが、「確信犯」的で少々ヒステリックな相手には決して逆らわず、だがきっぱりと誘いを断っていました。断りきれず集会に顔を出したときも、帰ってきてげらげら笑うのです。なにせ、「体はカラだ、内臓は無いぞう」と言われたとか。

療養所に入った姉は、内村鑑三の流れを汲む無教会派クリスチャンになって戻ってきました。この姉と、中学生の私はいくたび議論をしたことか。姉の信仰を打ちのめそうと、私は頭をふりしぼって幼い哲学やら屁理屈やらを並べ立てたものでした。

戦後は戦後で、元双葉山がガサ入れに来た警官を投げ飛ばした頃から、大勢の友人や知人がいろんな宗教へと拉致《らち》され、その数は両手の指でも数えきれません。実際、きのうまで親しく語らっていた友人が、突如としてアメ玉のように色を変え、とんと話が通じなくなるなんて、くやしいったらありゃしない。しかも、私が姉との議論を経て筋金入りの反宗教者であることを、自然と察知するのだろう、色変えした友人は決して私を勧誘せず、議論さえ仕掛けてこない。つまり、こうしてどんどん友が失われるということです。

そんなわけで、私にしてみれば、宗教騒ぎはきのうや今日のことではなく、戦前からずっとつづいている珍しくもない煩《わずら》わしさなのです。オウム真理教の無差別殺人は理不尽な未曾有《みぞう》の事件だといいます。しかし、それなら、私の同級生の女の子が空襲のとき直撃弾を受けて死んだのは理不尽ではないのか。戦後の経済の暗い淵にひそむ自殺や謀殺の長い長いリストは未曾有のことではない？

オウム教団の松本某をひとかどの修行者扱いした評論家たちには、もう憫笑《びんしょう》するしかありませんね。「体はカラだ」式の観念に金縛りにされた連中の残忍な生臭さを、うちの無学な母は直観的に識別したが、評論家一統にはそれができなかった。生きているうちに失われるのは友だけではないということ。

オウム騒ぎが始まった頃、私は旅をしていて、帰りの空港の本屋で、何か不足のものを補わずにはいられないような気分にかられ、新刊本を何冊か買い込みました。まずはトロワイヤの『オリガの挑戦』。亡命ロシア人の八十婆さんが、文学少女時代の作品の仏訳で俄然パリの有名人になり、エリツィンのロシアへ帰ろうとしてポックリ死ぬ話。

次はポワロー・デルペックの『人類愛』。祖父はファシスト、父はコミュニスト、自分は「無党派層」の一人という中年教師が、ボスニア・ヘルツェゴビナへ人道援助物資を運ぶボランティア活動に参加し、「いかなる宗派にも属していない」敬虔《けいけん》で潑《はっ》剌《らつ》たる少女と出会う。三冊めは、最近翻訳も出たヴァン・コーヴラールの『片道切符』。ジプシーに育てられた出自不明の青年と、故郷を捨てたパリの知識人との、まことに現代的な、淡い炎のような友情の物語。その他、その他を、ほとんど夢中で私は読みふけりました。

そうなんです、私だって死と生の苦患《くげん》を前にして恐怖や不安を覚えないわけじゃない。でも、こういう文芸作品を読んでいると、つくづく思う。沈黙を、そして敬虔な気持を誘い出す文学や音楽や絵画さえあれば、私には宗教は要らない。三本めの腕や二つめの鼻が要らないように、要らない。この場合、芸術は宗教の代用品ではなくて、逆に、宗教が芸術の代用品なんだ。こういうことがわからない人には、かつてのピカソを真似て「お生憎《あいにく》さま」とでも言っておこうか。だがその裏では、まだ結構生臭い私が「馬鹿野郎め」と罵《ののし》っているのをお聞き漏らしなきよう。

ミニ宗教論

十六、七の頃、あるアマチュア合唱団で歌っていたことがある。団員はみなアマチュアだったが、指揮者は音大出の専門家で、この人はなぜか宗教曲が好きだった。ケルビーニやフォーレのレクイエムをラテン語で歌いながら、幼い私はときどき思った。カトリック信者でもなければ他の宗教を信じてもいない自分が、なぜこんな曲を歌っているのか。なぜこんな宗教曲を美しいと思い、心底から感動しているのか。

＊

芸術は宗教の代替品なのかもしれないと、十代の私は思ったりもした。だが現在は、その逆だと思っている。宗教は芸術の代替品なのだ。その証拠に、芸術は宗教を危険視しないが、宗教はしばしば芸術に嫉妬《しっと》し、芸術を危険視する。芸術は宗教よりもひとまわり大きな、高次元の営みなのだ。

＊

では、哲学は？　哲学と芸術はおおむね友好関係を保っている。両者の間に強い感情が流れるとすれば、それは憧れ、あるいは感嘆だ。一方、哲学と宗教の関係は、芸術と宗教の関係にほとんど等しい。宗教や宗教的政治の側から迫害された哲学者の例はたくさんあるが、その逆は聞いたことがない。

＊

法難と呼ばれるもの。宗教はつねに宗教を迫害し、宗教に迫害される。そこには他のものは介在していない。

＊

いつかアヴィニョンの法王庁跡を見物したとき、その金蔵の大きさ、ものものしさに呆れた。宗教に憑《つ》いて離れぬものといえば、何よりもまず金だ。「宗教経済学」というような学問があるのかどうかは知らないが、あっても不思議はないと思う。なぜこれほど宗教への金の介入が甚《はなは》だしいのだろう。それは宗教がつねに集団という形態をとるからだ。では、なぜ宗教はつねに集団でなければならないのか。それは救済という実際的目標を掲げているからだ。救済から集団が生まれ、集団から金が生まれる。

最初に救済を唱え始めた個人こそ、災いなるかな。

＊

宗教用語の悲惨。途方もなく嵩張《かさば》る救済その他の観念を負わされ、その重さのせいで、言葉は気息奄々《きそくえんえん》、すでに本来の機能を失っている。そして観念を生み出したのは言葉だから、これは言葉が言葉を苛《さいな》む図なのだ。

＊

すべての宗教には、ある種の性急さが見られる。創世神話や古来のモラルをつきまぜ、かきまぜているうちは平静だった。だが、救済という観念が生まれた途端、宗教は性急にならざるをえない。この性急さは言葉によっても、何によっても覆い隠せないものだ。宗教は永遠の擬似哲学であらねばならぬという運命を背負っている。

＊

聖と俗という対の言葉は、誤用されているのではないのか。金と性急さに憑かれ、言葉が言葉を苛む宗教の世界は、俗世界だ。育成と塑造を旨《むね》とする芸術と哲学の世界は、聖なる世界だ。

＊

バーバラ・スィーリング女史によれば、イエスは十字架では死なず、七十歳代まで生きのびた。死ななかったのだから、復活したのではなく、単に十字架以後も生きていたのだ。復活祭はヨーロッパ古来の風習を受け継ぐ美しい祭であるけれども。

＊

同じ女史によれば、もはや人が赤子のように教義に身をゆだねる時は過ぎ去った。もしも宗教が集団から分離したら？　哲学への昇格、新たな成人の活力の誕生。そうなるかどうか……

メモ帳から

十代の頃、本を出す出版社という所は薔薇色に光り輝く存在だったが。……天文台も薔薇色だった。研究室、研究所のたぐいも。

＊

そこでは、商品は本だ。なのに、そこでは印刷しない、製本しない、販売しない、校正さえしない。そういう下賤《げせん》なことはすべて第三者がやってくれる。

＊

永いこと大学にいると駄目になる。大学に長居は無用。同様に、出版社に長居は無用。天文台にも。家庭にも。人生にも？

＊

何者かの巨《おお》きな足跡に水が溜まり……

＊

若い編集者A君曰《いわ》く、「ぼくは本が好きで好きでたまらないから、本当は図書館員になりたいんです」。そして顔を頁に近寄せ、舐《な》めるように読む。

＊

同じA君曰く、「全く滑稽ですよ、編集者がちょこちょこっと適当に書いた帯があるかないかで、古本の値が違うんですから」

＊

古本屋の買値の付け方。初会はたいそう高く買ってくれる。やれ嬉しやと裏を返せば、驚くほど安く買い叩かれる。

＊

売られても仕方のない本、売るべきではなかった本。三十年前、四十年前の貴重な本、いとしい本は、今頃どこでどうしているのだろう。

＊

東京の物価の高さは世界有数だという。従って（？）古本の値段も。恨めしいのは、大学の「公費」を遣う連中、そして本を骨董扱いするコレクターども、そいつらと結託した古本屋の親父。

*

何者かの巨きな足跡に水が溜まり、そこに水草が生えて……

*

男　すみません、教えて下さい。私のやっている金儲け、これはやはり罪でしょうか。

坊主Ａ　そんなことはない。念仏を唱えなさい。救われます。

坊主Ｂ　もちろん罪です。お布施を包みなさい。救われます。

男　いや、べつに救ってくれと言ってるんじゃない。金儲けは罪かどうかを……

大臣　ただの経済行為だ。

*

いつか有名な山寺で、きれいに花の植わった庭を歩いていて、来かかった坊さんに知らない花の名を訊ねたら、どういう風の吹き回しか、その坊さん、吐き捨てるように花の名をこちらの顔に浴びせかけ、立ち去った。どうしてあんなにぷりぷりしていたのだろう。たぶん拝観料も取らずに、俗人どもの自由な立ち入りを許している自分らの宗派の方針が疎ましく、他の宗派が羨ましくて仕方なかったのだ。この推理は当っていると思う。程なく、その山寺でも拝観料を取るようになったので。

＊

すべての宗教に金は付きもの。なぜか。宗教が集団の形態しか取らないから。なぜ集団なのか。宗教が救済を主張するから。

＊

救済を主張する瞬間から、宗教には独特のあわただしさが現れ、「教義」は擬似哲学、エセ哲学へと成り下がる。

＊

ほんとうに救われたいのか。よく考えろ。

＊

何者かの巨きな足跡に水が溜まり、そこに水草が生えて、魚さえ泳ぎまわり……

旅に病んで

南仏から大西洋岸を巡る観光ツアーに夫婦で参加したまではよかったが、出発後、日ならずして妻が流感にやられ、夫はただもうおろおろして、観光どころではなかったという話。

旅の始まりの町、ニースでは、なぜかやたら飛行機雲が目についた。朝から夕方まで、いつなんどき見上げても、灰色の筋が空をまっすぐ横断していく最中だ。これは何かの兆《きざ》しだったのか。少なくとも並ではない寒気が高空にわだかまっていたことの証ではあるだろう。

そして例のミストラルというやつ。うすうす聞いてはいたが、この南仏名物の激烈な北風は最大瞬間風速六十メートルを記録したことがあるとかで、手摺《てすり》も何もない「アヴィニョンの橋」の上では、この夫婦、危うくローヌ川へ吹き飛ばされそうになった。アルルの町では商店の看板類はすべて太い鉄の棒で固定されていて、なおかつ、その棒が絶え間なく風に撓《たわ》む。しかし辛いのは風の速さよりもむしろ冷たさだ。ニースで飛行機雲を発生させていた寒気が風の力をかりて襲いかかり、旅行者の骨の髄まで冷やしてしまう。これが間違いなく発病のきっかけとなった。

カルカソンヌの城壁の中のホテルで、妻は遂にダウン。洟《はな》、咳、喉の痛み、頭痛、発熱。直《ただ》ちに医者の往診を頼むと、現れたのは顔かたちはマクシム・ゴーリキーそっくりで、チェーホフの『三人姉妹』に出てくる軍医チェプトィキンみたいな出で立ちの、重厚な老人だ。ことばがよく通じない病人の診察に困惑しながらも、老人が処方してくれたのは、懐かしや、「吸入」など三、四種類の薬で、病人はやがて眠りに落ちた。

夢の中で枯野をかけめぐっているのか、あるいは夢自体が何か移動性の植物のように野をころがっているのだろうか、苦しそうな妻の寝息を聞きながら、その夜、夫は一睡もできない。カーテンの隙間から外を覗く。深夜の石畳、暗い街灯。ここはそのかみのカタリ派大虐殺の現場だ。異端討伐軍の司令官とその部下の会話。「突入せよ、カタリ派のやつばらを一人残らず血祭に上げろ」「カタリ派の者とそうでない者をどのように見分けたらよろしいのですか」「見分ける必要はない！」

しんしんと恐ろしい。いや、怯《おび》えてばかりはいられない、これからどうするか決めなければ。マルセイユまで引き返して、パリへ直行し、帰国するか。それともこのままボルドーへ行き、新幹線でパリへ出るか。

行くにしろ、戻るにしろ、こんな知らない田舎にはいられない、少しは知っているパリへ行かなければ、というふうにしか考えられないのだった。二十年もの昔ほんの数日間いただけのパリだというのに。

結局、夫婦はボルドーからトゥールまで行き、そこで団体から離脱して、パリ発の帰国の飛行機でまた合流することになった。トゥールの駅前ホテルに往診してくれた医者は、今度は三十そこそことおぼしき美男子で、患者に三十三（トラント・トロワ）という数を唱えさせながら聴診し、これはグリップ（流感）であって、こじれて肺炎になるかどうかはここ一、二日が勝負所だと言い、カルカソンヌの医者の処方をほとんど全面的に否定して、新たな処方を書いた。それから突然訊ねた。ここからどこへ行く予定だったのですか。モン・サン・ミシェルと答えると、青年医師はにっこり笑って病人に言った。ぼくがあなただったら行ったでしょうね。

モン・サン・ミシェルには行けなかったが、それから足掛け三日間、ホテルに頼んで所謂《いわゆる》「賄《まかな》い飯」の野菜スープを出してもらったり、安売りのスーパーで飲料水や歯磨きを仕入れたりして、夫婦は水入らずの平穏な時を過ごした。トゥール駅周辺のごく狭い平凡な地域は一種の別天地として夫婦の記憶にとどまるだろう。肺炎の危機はどうやら乗り切ったように思われた。

　新幹線で小一時間、パリのモンパルナス駅に到着し、猛烈な排気ガスの匂いを嗅《か》ぐと、驚くほどの安堵感がこみあげてきた。妻も夫と同じ思いだったようで、レピュブリック広場を見下ろすホテルの四階ではすぐさまベッドにもぐりこみ、翌朝まで実に十八時間も「爆睡」した。その間、夫は新聞雑誌を拾い読みしたり、テレビを観たり、短時間、近くを散歩したりして「時を殺し」た。二度の往診代と薬代とで、ふところはきわめてさびしくなってはいたが、この寂《さび》れかけたレピュブリック界隈《かいわい》もまた、帰国の日までの四日間、こちらの病気のせいで一皮むけた別天地となっていたのだった。

　夫六十五歳、妻六十歳。帰宅して旅の緊張が解けると、今度は夫が不調を訴え、それから復調するまで半月以上も、夫婦揃ってぐずぐずしていた。

追加

一九九四年の雑文集『雷雨をやりすごす』で、ロシアの詩人マヤコフスキーの女性関係に触れたが、その後に輸入された「情報」をお伝えしよう。

九四年の段階で、私はマヤコと関係のあった女性は六人だとばかり思っていた。

マリヤ、旅先で出会った「初恋」のひと。

リーリヤ、二つ年上の因縁の「妻」。

ナターリヤ、女性編集者。

タチヤーナ、在パリの亡命者の娘。

ヴェロニカ、モスクワ芸術座の女優。

エリー、アメリカ旅行で知り合った女性。

ところが、九三年に出た（九四年にはまだ輸入されていなかった）『このテーマの名は愛』（これはマヤコの詩句だ）という回想集によれば、「初恋」のマリヤ以前にもう一人いたのである。

そのひとの名は、ソフィヤ・シャマルディーナ。白ロシアの首都ミンスクからペテルブルクへ出て来ていた女学生で、一九一三年当時、十九歳だった。一九一三年といえば、詩人は一つ年上の二十歳で、ロシア未来派の運動に没頭し始めた頃である。「悪女」リーリャにはまだ出会っていないし、最初の大作『ズボンをはいた雲』のきっかけをつくったマリヤにもまだ遭遇していない。

もともと文学少女だったソフィヤは、コルネイ・チュコフスキー（評論家、児童文学者）の女友達だった。すでに妻帯者だったチュコフスキーは保護者きどりで若いソフィヤを連れ歩いていたらしい。紹介されて、マヤコとソフィヤはすぐ仲良くなった。そしてまもなくソフィヤは妊娠する。

そして堕胎。ソフィヤは産みたかったのだが、「保護者」チュコフスキーは嫉妬まじりにいろいろとマヤコの悪口を言ったようだ。あいつは身持ちが悪いから、どんな病気をもっているか知れたもんじゃない……というふうに。結局、「奇形児を産みたくない一心で」、ソフィヤは堕胎に同意したのだという。手術は「友人」たちがお膳立てし、本人は相手のマヤコに何一つ打ち明けず、マヤコは恋人の妊娠と堕胎について全く知らなかったのだそうな。

その後、若い二人は自然と疎遠になった。ソフィヤは第一次大戦中に別の男性の子を産み、マヤコはリーリャの宿命的な罠に落ちた。十月革命後、ソフィヤは結婚し、共産党に入党し、党機関の職員や市会議員など政治家の経歴を経て、一九八〇年に他界した。一九三〇年のマヤコの自殺（自註、この小文はスコリャーチン以前に書かれた）まで、二〇年代のソフィヤとマヤコはつかず離れず、古い友人として付き合っていた模様である。

ところが、ソフィヤの堕胎の直後から、文学者たちの小世界に噂がひろまっていた。詩人マヤコフスキーは少女を誘惑し、梅毒を移したばかりか、少女の両親を恐喝したというのだ。噂の発信者はもちろんチュコフスキーで、文壇の大御所ゴーリキーまでがこれを聞きかじり、ある公の席でこの一件に言及したのだった。憤慨したマヤコの「側近」リーリャに突っ込まれると、ゴーリキーは言を左右にして逃げるのみで、にもかかわらず、この噂は詩人に生涯つきまとったらしい。詩人が自殺したとき、ある人はこう言ったという。

「今は梅毒はもう治る病気なんだから、そんなことで自殺しなくてもよかったのになあ」

さて、追加すべき情報はもう一つある。最後の恋人、芸術座の女優のヴェロニカ・ポロンスカヤとの経緯については、女優本人の詳細な回想記によって、従来かなりのところまでわかっていた。だが、ヴェロニカがマヤコフスキーの子を堕ろしたという事実を、私は知らなかった。私が用いた資料では、堕胎のくだりは削られていたのである。『このテーマの名は愛』に収められた無削除の回想記によれば、一九三〇年初頭の堕胎手術のあと、ヴェロニカは体調がなかなか元に戻らず、恋人との接触を生理的に嫌悪する状態に陥っていた。ヴェロニカもまた手術の件をマヤコに隠していたので、詩人には恋人がわけもなく自分を避けているように見えたに違いない。これが三〇年四月の自殺直前の詩人の苛立ちに拍車をかけただろうことは、充分に考えられる。政治の側からの迫害に加えて、この恋もまた不首尾に終りそうだという強迫的予感は、詩人には相当に辛いものだっただろう。

ロシア国内では遂に自分の子供の誕生を見ることがなかったマヤコフスキー。けれども、アメリカ合衆国では、エリー・ジョーンズの産んだ娘がぶじ成長し、現在は大学で教鞭をとるエレン・パトリシア・トムソン女史となっている。この女性の息子（マヤコフスキーの孫）はロジャーといい、九三年現在四十二歳の弁護士だという。

七人の恋人（マリヤとは肉体関係はなかったようだが）の最初と最後のひとが、どちらもマヤコフスキーの子を宿し、どちらもマヤコフスキーには知らせることなく堕胎したという事実は、不幸な宿命としか言いようがなく、そのような感慨とは別に、今世紀のロシアの女性たち、少なくとも知識階級の女性たちには「自分のことは自分で始末する」という気風がゆきわたっていたのかなあ、とも私は思うのだが、うちの家内に言わせれば、それらの女性が出産あるいは結婚にもう一歩踏み込めなかったのは、やはりマヤコフスキーの側に問題がある。何か女たちの最終的・個人的な信頼を勝ち得ないようなもの、あえていうなら欠陥のようなものが詩人の内側に潜んでいて、それを女たちは本能的に見破っていたのではないか、というのである。さあ、どちらが正しいのだろう。

渡り歩き（続き）

レクイエム

マドリードの中心部から遠くない、小高い一郭。そこに入る二、三本の道は、いずれも勾配《こうばい》がきつくて、幅が狭い。道を登りきれば、ちんまりとした広場を数軒の商店と事務所が取り囲んでいるだけなので、目当ての劇場の白っぽいモダンな外壁はすぐに見つかる。だが屋内は赤ワイン色の絨毯《じゅうたん》が敷きつめられていて、かなり古めかしい。どこの宮殿の衛兵かというような制服姿の青年が私たちを席に案内し、颯爽《さっそう》と立ち去る。

私「今、チップ、やった？」
妻「やったわよ。見てなかった？」
私「目にもとまらぬ早業、か」

クラシック音楽の演奏会場などで、舞台の奥に演奏者を背後から見下ろす客席があったりするが、この劇場でもそういう席を百席ほど備えていて、そこに案内された私たちは、芝居が始まるまでは無人の舞台空間を挟んで平土間の観客とまっすぐに向かい合い（幕というものは存在しない）、芝居が始まれば、役者の演技と平土間の反応を一直線に見通すこととなる。もちろん、令嬢ジュリーも、下男ジャンも、こちらには背中と横顔しか見せないので、私たちは芝居を真裏から観つつ、同じ視野の中で観客を正面から観るという、なんとも奇妙なひとときを過ごしたのだった。平土間が舞台へ放つ圧力と、舞台が平土間へ放つ圧力と。両者が絶え間なく鬩《せめ》ぎ合うさまは、私たちの位置からつぶさに見えた。

メキシコの首都のインスルヘンテス大通り。このインスルヘンテス（反乱者）という街路の名が、私にはたいそう喜ばしい。取材旅行の同行者たちの煩《わずら》わしさから暫時逃れて、今この街の自由な空気を吸っている私も、ごくちっぽけな「反乱者」の一人なので。新聞の劇評で見たオニールの『夜への長い旅路』を上演中の劇場は、通りに面した五階建てのビルの一つの階を占めていて、新建材だらけの、見るからに安易な現代風公共施設だ。ここにはワイン色の絨毯もなければ、「鉛の兵隊」みたいな案内係の姿もない。定員三百余りの客席の中央には、孤立した島のような長円形のステージがあり、役者の出入りのための花道が一本だけ、場外へと延びている。このステージで常時四方八方から観られている役者たちは、どの方向の客にも満遍なく演技を見せようと、芝居の進行につれて、じわりじわりと時計回りに向きを変える。この全体的回転に加えて、一人の役者の長台詞がつづく場合など、その役者が単独に小さな時計回りの運動を行なう。まるで天動説の「周転円」だ。観ていて、こちらの視線まで引きずられるような、捩《ねじ》れるような、むず痒《がゆ》さに襲われる。

中央のステージは別世界だが、そのこちら側も向こう側も、右も左も、遠くも近くも、ことごとく観客だ。見渡す限り均一な観客は、同じ演技に刮目《かつもく》し、同じ台詞に耳を傾ける。マドリードの劇場では、私たちはまだ特殊な場所にいて、平土間の客を冷やかに眺めることができたけれども、ここではそのような立場はもはや許されない。私は終始、私と同等の権利を持ち、私と同等に楽しんでいる客たちを、鏡に映った自分の姿のように見なければならない。やがて、中央のステージさえも観客世界に吸収されてしまう、恐るべき時が訪れる。薬物中毒で現実感を失った女主人公メアリの悲しい最後の台詞――「そう、思い出したわ。私はジェイムズ・ティローンに恋をして、いっとき、とても幸せだった」のあとの、カーテンコール（幕がないのにカーテンコールとは?）での出来事。メアリの息子を演じた若い美男俳優をターゲットとして、私の数列後ろの席にいた「反乱者」が冷やかしの言葉を投げつけたのだ。たちまち色を作《な》した美男俳優は、自分も「反乱者」に変身し拳を固めて客席に飛びこもうとするのを、他の役者たちにまあまあと引き止められる。もう別世界はどこにもない……

劇場という場所では、観客が舞台を観るのは当然のことだが、同時に観客は舞台から観られる。観客を観ているのは、見栄っ張りな役者たちや、芝居の成否が気掛かりでたまらない当事者たちだけではない。客自身が、舞台に熱中し、芝居の中の誰彼に「感情移入」すればするだけ、舞台人の立場から客席を観ないわけにはいかなくなる。これは意識的な行為ではなくて、客席からの視線が舞台＝反射板にぶつかって客自身に舞い戻るという、ほとんど物理的な現象なのだ。舞台が別世界である度合が強ければ、その反射率は高くなる。現実一辺倒の芝居、何の不思議も飛躍もない芝居は、客の視線を吸収するだけで、撥《は》ね返しはしないだろう。人を牽《ひ》きつけてやまぬ芝居らしい芝居は、観客の意識を引き寄せては撥ね返すことを頻繁かつ強烈に、それこそ目にもとまらぬ早業で繰り返し、その結果として客には（舞台人にも）何か激しい運動をしたあとのような爽やかな空虚感が残るだろう。そしてだれもが、自分とはこれだけのものだったのか（良い意味でも悪い意味でも）と呟かざるをえないような、毛を毟《むし》られた赤裸の真実を、空虚の中で改めて確認するのだ。

この観たり観られたりという関係は、何がどうなろうと容易に変るものではない。確かに、二十世紀ヨーロッパ演劇の努力目標の一つは舞台と客席の一体化ということだったが、「観客の参加」とか「祝祭的空間」とかいっても、それは「いっときの幸せ」にすぎず、演じる者と観る者の本質的な差異は、劇場が存在する限り消えてなくなりはしないだろう。舞台が陸圏ならば客席は水圏で、人と魚の間に「漁《すなど》り」の関係はあっても対等の交流はありえない。客席が「現在」ならば舞台は「それ以外の時」で、どちらがどちらを追っても決して追いつくことはないだろう。こういう原則的な隔りは、しかし、悲しむべきことでも喜ぶべきことでもない。そんなことよりも、互いに全く別世界の住民である二つの種族がなぜか寄り合って一つの劇場を成立させ（これ以外に劇場成立の方法はない！）、観たり観られたりの鬩《せめ》ぎ合いによって何らかの赤裸の真実をあらわにするという、この珍しくもない営みこそ、本当に驚くべきこと、理解を絶することなのではないだろうか。

チェーホフの一幕劇『白鳥の歌』では、四十五年間も劇場で役者稼業をつづけた老俳優が、引退興行の舞台がはねたあと、楽屋で酔いつぶれて、深夜ふと我に返り、あかりの消えた裸舞台に出て来て、初めて見るように劇場というものを眺め回す。

（フットライトに近寄って）なんにも見えない……ああ、そこがプロンプターボックスか……あれは桟敷席、そこはオーケストラピット……あとは闇だ！　まっくらな底なしの穴。まるで墓穴、死神の隠れ家……ぶるる！……寒い！　やけに冷たい風じゃないか。客席から吹いてくる、妙な隙間風……こりゃ幽霊を呼び出すにゃ持ってこいの場所だね！　うう、気味が悪い……背筋がぞくぞくする……

孤独な老教授を主人公にした小説『退屈な話』を二十代で書いたチェーホフは、演劇のジャンルにおいても、『かもめ』や『桜の園』よりずっと早く、この『白鳥の歌』を書く。最後にではなく、最初に、何はともあれ白鳥の歌を歌ってしまうのが、この作家のきわめて現代的な諧謔《かいぎゃく》のありようだ。それにしても、私たちの理解を絶する劇場の不条理を若いチェーホフがすでに把握していたのは、演劇＝人生という比喩を、単なる比喩としてではなく、間違いのない真実として早い時期から自然に体得していたためなのだろうか。

『白鳥の歌』の六十年後、ロシアから遠く離れたアメリカで、劇作家クリフォード・オデッツが似たような場面を書いた。『The country girl』（一九五〇）の女主人公ジョージーは映画を観た帰り、ベテラン俳優の夫フランクが稽古に入っている劇場にふらりと立ち寄る。フランクはアルコール依存症のせいで落魄《らくはく》していたのを、若い演出家バーニーに拾われ、再起の機会を与えられたのだ。その稽古がつつがなく進行しているかどうかを、ジョージーは探りに来たのだが、もちろんそんなことは口に出さない。

ジョージー　お邪魔じゃなかったかしら。

バーニー　いや、ちょうど店仕舞いの最中。留守番は劇場の幽霊に任せたからね。

〔ジョージーはとりとめのない笑みを浮かべて、フットライトに近づき、客席を眺める。何かに耳を傾けているような姿勢と、かすかな笑みは、本人は意識していないが、どことなく東洋風である〕

ジョージー　（小声で）だれもいない暗い劇場って、とっても静かで神秘的ね……星の見えない闇夜みたい……

〔フランクとバーニーは顔を見合せる〕

オデッツは一九三五年の一幕劇『レフティを待ちながら』で舞台と客席の沸騰的な一体化を実現した人だが、実はそのときすでにチェーホフ風の多幕劇一本を完成し、もう一本を書き始めていたのだった。その後、『レフティ』の系統の作品を一つ二つ試みたことはあっても、根っからの芝居者だったこの人は、もはやうたかたの「祝祭的空間」に身を委ねようとはしなかった。不条理な存在でしかない近代以降の劇場に、「劇場の幽霊」以外のものを求める虚しさを、チェーホフ同様、早くから知っていたのだろう。

人がぎっしり詰まっている客席を無人の空間と見立てること、あるいは台詞の力によって客席を無人化すること。これは演技者たちにはこたえられない魅力であるに違いない。観客もまた、そんなふうに「消される」ことを究極の鬩《せめ》ぎ合いとして、喜ばしく感じるだろう。この場合の魅力や喜ばしさには、やはり赤裸の真実の確認ということが含まれている。『白鳥の歌』の老俳優は、理解を絶する劇場（人生）の営みを、恐怖や絶望と紙一重のものとして捉えた。オデッツの「田舎娘」はロシアの老俳優が言うところの「まっくらな底なしの穴」を見て、静かで神秘的だと感想を述べる。これには多少の説明が必要かもしれない。ジョージーは二六時中ラジオを聴き、レコードをかけている音楽マニアなので、「静か」とは「音楽がないこと」を意味する。そしてまた「神秘的」は「星の見えない闇夜」と敷衍《ふえん》されている。すなわち、「静かで神秘的」は「拠り所の消滅と、先の見えない不安」ということだ。

二人の劇作家の相似した二つの場面を、更に遠慮なく突き詰めると、どういうことになるのか。ロシアの小説家・劇作家、レオニード・アンドレーエフが最晩年に書いた短い戯曲『レクイエム』（一九一九）は、チェーホフやオデッツの登場人物の恐怖や不安を極限まで持っていった場合の、一つの解答と見なすことができる。チェーホフの弟の世代、オデッツの父親の世代に属するこの人の作品が、ソビエト時代にどれほどぞんざいに扱われたか、にもかかわらず例えば晩年の戯曲『犬のワルツ』が今なおどれほどの魅力を放っているか、等々については、すでに一度書いた（雑文集『雷雨をやりすごす』）ので、ここでは繰り返さないが、ちょっと補足するなら、アンドレーエフの作品が「ぞんざいに扱われた」のはソビエト時代だけの現象ではなく、調べてみると、生前（帝政ロシア時代）のお粗末な批評も目に余るものがある。つまり、この人はどんな時代に置かれても無理解や誤解から逃れられないという宿命を負っていたのだ。これは作家アンドレーエフが根っからの「反乱者」だったことを間接的に証明している。

幕があくと、『レクイエム』の舞台には、もう一つの舞台と客席が設けられている。この舞台の中の舞台を、舞台の中の客席から大勢の観客が見つめている。だが、照明が少し強まれば、観客と見えていたものは全員ただの人形だったことが知れる。稚拙な彩色を施された、木彫りの、粗末な人形。これらの「観客」を作った舞台美術家は、自分も人形そっくりに頬の赤い、屈託のない俗人で、「われギャラをもらう、ゆえにわれ在り」などと口走り、こんな夜更けに申し訳ないが、あすの上演に備えて、人形たちにちょっと最後の手直しをしたいという。口数の少ない実務型の演出家は、その申し出を斥ける。もう時間がない、まもなく公爵がお見えになるので。この上演の依頼者でありスポンサーでもある公爵からは、前もってその意向が関係者一同に伝えられていた。すなわち、劇場に生きた観客がいる必要はない。群衆がその騒がしさや行儀の悪さを劇場に持ち込むのは好ましくない。しかしながら、がらんどうの客席に座るのも鬱陶《うっとう》しいので、できるだけリアルな人形を並べて欲しい。「殿様ならではの、実に粋な道楽だ！」と美術家は叫ぶ。道楽はわかるが、こういう芝居にどんな意味があるのか、俗人には全く理解できない。美術家にも、演出家にも、プロデューサーにも、惜しげなく多額のギャラを支払った公爵は、なぜいつも黒い仮面をかぶっているのか。どうやら人目を避けている超有名人らしいとはわかっても、名前や素性はだれも知らない。

その公爵がプロデューサーに案内されて、この場に登場する。背の高い、黒衣の男。顔の上半分を仮面で隠している。同じく背の高いプロデューサーは神経質そうな人物で、終始恭《うやうや》しい物腰を保ってはいるものの、時折、公爵への抑えきれない敵意が声の響きに感じられる。美術家を追い払い、演出家を配置につかせておいて、プロデューサーは説明する。ここは住人に見捨てられた廃屋だったのを、公爵の金で買い取り、劇場に改装した。俳優たちも楽士たちもすでに準備万端怠りなく、二十四時間後の一回限りの上演を待っている。それにしても、こんな案山子《かかし》にも劣る粗雑な人形を観客に見立てて、役者たちは演技できるものだろうか、と公爵は心配する。いや、この粗雑さこそ意義深いのであって、とプロデューサーは美術家の意図を説明する。説明を続ける男の私生活に突然興味を覚えたのか、公爵は訊ねる。あなたの奥さんは？　お子さんは？　友人は？　みんな死にました。私は孤独です、公爵、あなたと同じように。

プロデューサーはまずこの芝居に使われる音楽を公爵に聴かせる。「喜びと、悲しみと、死の恐怖と、孤独の呻《うめ》きとが交じり合った音楽」。だがそれはどこの舞踏会でも演奏される、ありきたりのワルツにすぎない。まもなく舞台内舞台にあかりが入り、この芝居を演じる役者たちが順番に現れる。初めは抱擁している恋人たち、次には笑いの化身のような男、つづいて「誇り高い男」、それから悲しみの化身のような女、そして精力的な若い「予言者」、最後に、複製人間のように全く同じ顔をしている「その他大勢」の役者たち。いずれも仄《ほの》かな光輪に包まれ、死人のように青ざめた顔にそれぞれの表情を凍りつかせたまま、滑るように（「摺《す》り足」で）舞台を横切る。あすの芝居で最終幕までに全員が死ぬ予定の、これらの役者たちは、すでに或る種の亡霊でしかない。「ブラボー、観客の人形もいいし、この役者たちもすばらしい」と公爵は拍手する。

これで終りの筈だったのが、どうしたわけだろう、そのとき再び「数百匹の蛍のような、あるいは朽木の放つ燐光のような」あかりに包まれて、「かつて美しかった女の絵姿」が現れ、舞台を横切る。プロデューサーは幽霊を見たように喘《あえ》ぎ、公爵は訊ねる。これはだれですか。答は、ない。やがて絵姿は舞台を通り過ぎて消え、照明は元に戻る。プロデューサーの顔は真っ青だ。

帰ろうとする公爵に、プロデューサーは訊ねる。あすの本番はどこでごらんになりますか。ここに席をお取りしますか（人形の並んでいる観客席を指す）。いや、公爵は本番は観ない。芝居が終る頃、役者たちが全員死んだ頃を見計らって、ここに来よう。プロデューサーの抑えつけていた感情がとうとう噴出する。せっかくの芝居を観もしない……あなたは恐ろしい方だ。だれなのですか、あなたは?……もしかすると、モーツァルトを訪ねて、レクイエムの作曲を依頼し、その後二度と現れなかった、あの謎の男はあなたではないのか。

公爵　ちがう。

プロデューサー　嘘をつけ。

公爵　失敬な。

プロデューサー　（囁き声で威嚇する）ほんとのことを言えよ、でねえと、その仮面、ひっぱがすぞ。

公爵に無視されて、プロデューサーの敵意はたちまち萎える。あすの芝居で役者全員が死ぬといっても、それは芝居の約束事。死んだ連中はそのあと居酒屋でとぐろを巻いて、朝まで飲むだけのことだろう、と公爵はあざ笑いながら帰って行く。ばたん、ばたんと、たくさんのドアをあけては閉める音が、次第に遠ざかる。

一人残ったプロデューサーの長い長い独白がこの戯曲を締めくくる。「どうしてあんなにたくさんドアがあるんだ？　無限の彼方《かなた》へ帰るような……」「舞踏会が始まる前の、からっぽの大広間が俺は好きだ。閉じた幕、伏せた目、語られない言葉、そういうものが俺は好きだ」「眠りの中で叫んでも、その叫びは枕にすら届かない。眠っている俺の口に耳を押しつけても、眠りの中の叫びは聞こえない」「あいつの金を貰った俺。あいつ俺に何の用だ。あいつ何者だ……俺は何者だ」。

独白の最後の部分。「……ああ、この夜の深さ！　こんなに深い夜は、世界中どこにもあるまい。この闇は恐ろしい、この沈黙は底なしだ。俺はひとりぼっちで耳をすます。ドアを叩く音が聞こえないか。だめだ、聞こえない。あんなにたくさんドアがあるのに、だれも訪ねて来ない、だれも呼びかけない。生きものの声は途絶えて、死びとがますます不安げに、墓の中で呻くだけだ。（大声で叫ぶ）憐れみを！　憐れみを！」

この戯曲にはいくらか了解困難な箇所がある。例えば「かつて美しかった女の絵姿」が突如現れる場面。プロデューサーの妻が死んだことは語られているから、これはその妻の絵姿なのだろうとは思うが、どうもはっきりしない。絵姿が突如現れたのは、どうやら演出家が仕掛けたことらしいともわかるが、寡黙《かもく》な演出家の意図は明かされていない。アンドレーエフの最初の妻が二人目の子供の出産のあと死んだことを、知っているかいないかで、この戯曲の「読み」は決定されてしまうのだろうか。いや、そのような「私小説」的逸脱にもかかわらず、全体として、この作品の意味は明瞭だ。他の多くの劇作家たち（チェーホフやオデッツ以外にも無人の暗い客席を覗きこんだ人は少なくないと思う）の恐怖や不安は、ここでは最も原初的な「孤独」へと限局されている。幕切れの絶叫を聞き届けるのは神か、それとも人か。何はともあれ、「孤独」に作用するのは「憐れみ」だけだ。

一人になりたいときは大勢の中に入ろう。ほんとうの孤独を味わいたいなら、劇場にでも行こう。そこでは人形と亡霊がきりもなく対峙《たいじ》している。

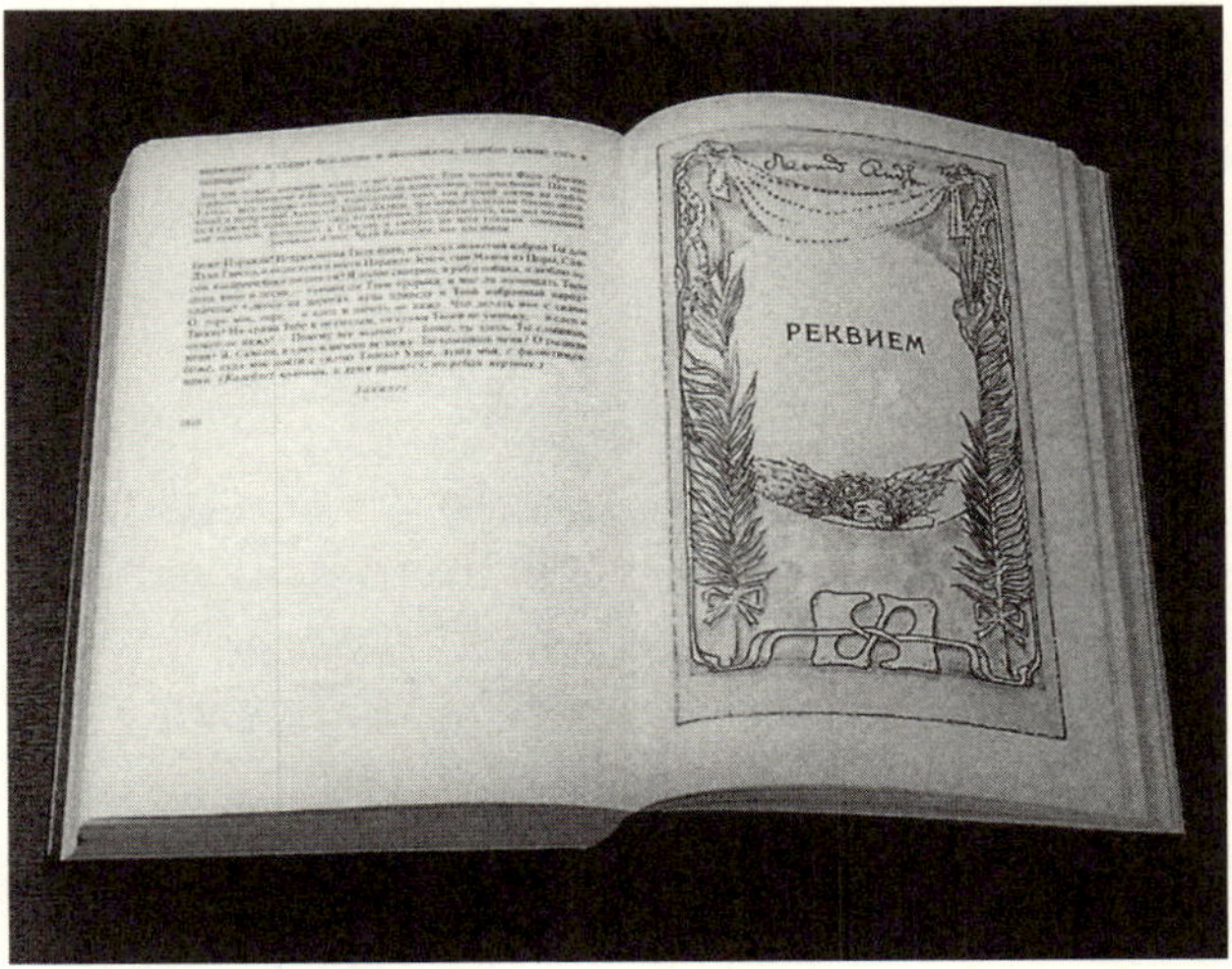
РЕКВИЕМ

入荷するのだという。何が？　わからない。煙草かもしれないし、石鹸かもしれない。とにかく何かがもうじき入荷するという。掲示も告知もなく、情報だけが超自然的な速さで住民の間を駆けめぐり、今、店の裏の商品搬入口に詰めかけた人々は、ほとんど身動きもせずに立ちつくしている。ほんとうなのか、入荷というのは？　何かが入荷し、その何かをめでたく買って帰る可能性は、どの程度あるのか。いや、これだけの人が集まっているのだもの、きっと何か買えるだろう。そう思うことにしよう。何を買うのか、果して買えるのかどうかもわからずに、大勢がひたすら待っていること自体、いうところの「一縷《いちる》の望み」でなくて何だろう……黙りこくっている人たちの内心の呟きに応えるように、突然一台のトラックが現れ、搬入口に尻を向けて止まる。荷台が開かれ、搬入が始まるが、運ばれてきたのが何なのか、まだよくわからず、人々はじわじわと搬入口を包囲する。包囲する人々も、四、五人の警備員も、何一つ訊ねず、語らず、叫びもしない。言葉の代りに殺気のようなものがたちまち色濃く漲《みなぎ》り始めるだけだ。

一キロあまり先の広い空地には、もっと大勢の人たち――千人を下るまい――が群がっている。そこはいわゆる「青空市場」に指定された場所で、市場といっても、台や地べたに物品を並べて売っているのではなく、ほとんどの売り手が自分一人の両手で持てる程度のものを持ち、所在なさそうに立っている。アレクサンドル・グリーンの『鼠捕り』という小説は、困窮した主人公がほんの二、三冊の本を売ろうと街頭に立つところから始まっていたが、一九二〇年代初めの風俗は、七十年後の今、当然のように再現されている。全く無秩序に散らばって、それぞれが数着の衣類や、一瓶のオーデコロンや、一揃いの食器を持ち、「売れなくて元々」と言いたげな表情で辛抱強く立っている売り手の間を、縫うように買い手が移動するさまは、中心もない、焦点もない、「ランダム」という言葉を絵に描いたような光景だ。この光景には色彩が欠けているから、街を歩いてきて突然この空地の様子が目に入ると、カラー映画がいきなりモノクロに変ったような衝撃を受ける。人込みの中の女性たちのスカーフやショールはひどく色褪《いろあ》せ、あるいは黒ずんでいるので、全体のモノクロームにたやすく呑みこまれている。つまり、できるだけくたびれた身なりで参加するのが、たぶん、この市場における不文律なのだろう。ふしぎなのは、これだけの人だかりにもかかわらず市場全体が異様に静かなこと。個々の取引に費やされる声の総和は、ざわめきともいえないほど低く抑えられている。地元の人の説明によると、かしましい売り声はここでは一切禁じられているのだそうな。

しかし、それならば、街の所々方々で（特に観光スポットで）大勢の街頭音楽家たちが何の憚《はばか》りもなく演奏しているのは、どういうことなのか。一九九二年——二つのクーデター未遂事件に挟まれた年——の十月上旬、サンクト・ペテルブルクを訪れた者は、路傍にうずくまったまま身動きもせぬ乞食や、機動性抜群のジプシー軍団の出没に「と胸を突かれる」のとは別に、予期せぬ音楽の氾濫《はんらん》に出会っていささか困惑せざるを得ない。街頭音楽家というものは、その演奏が上手であっても下手であっても、一様に人を困惑させる。ああ、こんなに演奏の上手な（下手な）人が、こんな道端で、帽子や箱を前に置いて、行きずりの不特定多数に腕前を披露しなければならないとは！（こういう感慨の裏側に、そもそも音楽はなるたけ騒音を閉め出した屋内で、心澄まして聴いたり聴かせたりするのが本来である、というたぐいの古めかしい先入主が巣くっていることは確かだ。思い出せ、と私は私をたしなめる。五十年前、きみだって、農村の「のど自慢」だの、進駐軍のキャンプだの、銀座のバーだの、いずれも騒音だらけという条件に甘んじて、金のために演奏したのではなかったか）。ペテルブルクの街頭演奏家たちの大半は驚くほど腕の確かな、熟達した人たちだったが、なかにはこんな例もあった。河べりの古い教会の、前庭から船着場へ向かう通路の片隅で、よそゆきの服を着せられた十歳かそこいらの少年がヴァイオリンを弾いている。その技量たるや、最初の教則本をやっと半分ほど終えましたといった程度で、斜め後ろに控えている地味な身なりの母親は、息子の発する音を一体どういう気持で聴いているのだろう。私は目をそらして通りすぎるが、いわゆる「鋸の目立て」の音は船着場まで追ってくる。この母子の姿、それぞれの表情が、いつまでも頭にこびりついて離れない。

なるべく静かな所を歩いてみよう。泊っているホテルの前は騎馬像のある広場で、その先そこから真南へ、人通りの少ない道を行く。有名なモイカ運河の橋を渡れば、その先は、少なくとも築百数十年といった感じの建物が両側にえんえんと連なる寂れた通りだ。こういう建物群は歴史的な外観のみを保存して、内部を現代的に改装する計画が進行中なのだというが、九二年当時、はらわたを抜かれた骸骨のような建物に工事の気配は全くなく、まだ人が辛うじて住んでいる所もある。モイカの次はグリボエードフ運河。幽鬼めいた建物は更につづく。こんな場所に来てしまったのには理由があって、ガイドブックによれば、このあたりに「ラスコーリニコフの下宿」があるというのだ。（コゼットが水を汲んだ井戸とか、エドモン・ダンテスが幽閉されていた独房とか聞くと、どうしても見物したくなるのは、そも何の因果なのか）。通りすがりにちらと見える暗い中庭や、歩道と同じ高さに窓のある半地下室などは、まことにドストエフスキー的な雰囲気だが、肝心の「下宿」はなかなか見つからず、きつめの靴に締めつけられた足の痛みは次第に耐えがたくなる。次のフォンタンカ運河の手前で、靴の拷問は最高潮に達し、仕方がない、痛みをだましだまし、今来た道をとぼとぼ帰ることにしよう。ようやく再びモイカ運河の手前まで来たとき、このうそ寒というのに上半身シャツ一枚の、顔色のよくない少年が、右手で左の上膊《じょうはく》を抑え、なんだか急ぎ足でやってくる。おお、つげ義春の『ねじ式』の冒頭だ。すれちがうとき、一瞬、上目づかいでこちらの顔色をうかがい、左腕を抑えたまま遠ざかって行く、その姿はまさしく「先生、シリツをして下さい」の、あの少年だ。ペテルブルクのモイカ運河にもメメクラゲが出るのか⁉

橋を渡り終えて、振り返る。対岸の、水際に下りる石段の蔭、ちょうど道路から死角になっている所で、加熱用ランプの小さな火がちろちろと燃えている。そのかたわらに客待ちの男が二人。ヤクだ。メメクラゲではなかった。

ヤクを打った直後の少年の姿もまた、「鋸の目立て」母子と同じく、いつまでも頭にこびりついて離れないが、それと同時に、何か忘れていることがあるような気がして仕方がない。しなければならないこと、当然するだろうことが一つある。一つあるのは間違いないとしても、それが何なのか、すぐ思い出せそうでなかなか思い出せない。この厭な状態は、「ねじ式」少年を見たときから始まったので、それはたぶん麻薬に関係のあることなのだろう。しかし次から次へと目先の変る旅の空ではどうしても頭がはっきりせず、旅行をようやく終えて、帰りの成田エクスプレスの中で、突如、ひとかたまりの言葉とイメージが噴出する。……世界のどこかで、互いに通じない言葉で、しきりに掛け合っている脱走兵と歩哨。「腐敗した夜、凍てついた夜」。「あんまり夢に見すぎたので、きみの実体はとうに失われ……」。「マルセイユの娼婦の姉は大海原、その不潔なくちづけは……」。「走れば風、泣けば生きもの、眠れば悔いなし」。そして体長十八メートルの蟻、帽子をかぶった蟻、「そんなもなあ、いない」。ジュリエット・グレコがいたずらっぽい声で、「いたっていいじゃない」……

そう、元シュルレアリスト、対独抵抗運動に加わってゲシュタポに捕らえられ、収容所で病死した詩人、ロベール・デスノスのことだった、私がやっと思い出したのは。デスノスは一九三〇年と四二年に主要な二冊の詩集を出し、二冊めのあとがきに「この詩集は私の詩人としての生活を埋葬するもののように思われる」と書いた。そして翌四三年には初めての小説を出し、その後もつづけて散文作品を書く予定だったようだが、死んでしまったので、これが生涯唯一の小説となった。いつも著作一覧表で『Le vin est tiré…』（樽酒を酌んだら……）という題名のみを眺め、これは麻薬常用者の世界を描いたものだという誰かの解説を聞いただけで、私はこの小説をまだ読んでいなかった。読もうにも、本がない。私の知る限りでは、出版元ガリマール社は一九四三年以来一度もこの本を再版しなかった。ところが、一九九二年、私のロシア旅行の数カ月前に、この本のリプリント版が出たというニュースが伝えられた。「樽酒を酌んだら……」は常套句で、「飲まねばならぬ」とつづく。かつてデスノスの詩を夢中で読んだ者が、この詩人の遺したワインを飲まずにいられるだろうか。

まず、いくぶん堅苦しい感じの序文がある。（デスノスは時として「学術的」な文体で書く人だった。『エロチシズム論』を見よ）。麻薬を扱った著作は、トマス・ド・クィンシーを初めとして数多いが、『阿片常用者の告白』にしろ、あるいはコクトーの『阿片』にしろ、それらはいずれも「麻薬と私」といった趣の本で、より精密な社会的視点に欠けるところがあった。デスノスは、この小説で「なぜ麻薬常用者が存在するのか」「麻薬常用者は救出されるに値する人たちか」「その救出に現行の法律は役に立つか」の三点を追及したいと言う。現状のままでは、麻薬は近い将来、あらゆる国、あらゆる階級に蔓延するだろう。（小説の中で取締官の警部がそのような感慨を洩らし、このリプリント版の宣伝文はその言葉を引いて「予言的」と評価している）。

時は（明記されてはいないが）一九二〇年代後半から三〇年代前半にかけて。所はパリとその近郊。十人あまりの常用者グループのなかで、まっさきに登場するのは、数年前に北アフリカで兵役に服していたという、作者デスノスと同じ経歴の青年、アントワーヌだ。たまたま知り合った若い娘、バルバラに誘われて、このグループに入った。バルバラは裕福な家の娘で、パリ市内のアパートで独り暮らしをしているし、郊外の別荘も自由に使えるので、しばしば仲間に麻薬パーティの場所を提供するだけではなく、麻薬そのものも気前よく提供する。麻薬の売人は、いうなれば「大手」の業者と、下っ端の個人営業の売人とに分かれていて、金に困らぬバルバラは大手の業者からキロ単位で買うが、取締りが厳しくなって業者が営業を自粛している時期など、やむをえず下っ端の売人に掛かり合うこともある。個人営業の売人の一人、元ピアノ教師の老婆は、グランドピアノが大半の面積を占領している狭い一部屋に住み、まるで友達に食材をわけてやるような気軽さで、訪ねてくる常用者に阿片を売る。この老婆は「葬式大好き人間」だ。ヴィクトル・ユゴーの葬儀のすばらしさといったら！「でも朝からずっと歩道に立ちっぱなしで見物していると……殿方はいいけど、私たち女は……ねえ、わかるでしょ……」

このグループの男女はほとんどが二十代の若者たちだが、一人二人、中年の主婦や、初老の男もいる。いかつい顔をした医師オポルタンは、世紀の変り目の頃には、パリ市内で有名な開業医だった。今では見る影もなく落ちぶれて、口癖のように「私はエゴイストだから」と言い、それでも新入りのアントワーヌには、この世界に深入りしないようにと忠告する。かつて宇宙線の研究をしていたという物理学者、クルヴォアジエは、隙のない身なりで最新型の車を乗りまわしているが、麻薬依存の度合はだれよりも深い。化粧品会社の経営者、逞《たくま》しいコリュモは、その会社の前身の薬品会社では、兵役に就く以前のアントワーヌの同僚だった（この勤め先も作者デスノスの職歴と一致する）。配管工のドンドランジェは、バルバラの住居の水漏れを修理しに行った縁で、このグループに入った。他には、地方都市からパリに「遊学」しに来た金持の子弟など。女のメンバーは、主婦シモーヌ以外は、いずれもバルバラのカリスマに牽かれて集まった娘たちで、阿片をもらうだけではなく、バルバラの服を借りて出歩いたりもする。

それにしても「阿片は非社交的だ」（コクトー、堀口大學訳）。ド・クィンシーも言うように、こういう薬物は空間的・時間的に摂取者の意識を拡大するかもしれないが、それと引き換えに、他者との繋がりを断ち切る。この小説に描かれた常習者グループでも、一見仲良しクラブふうに集まったメンバーは、夜っぴて阿片を吸飲しながら「凡庸で感傷的な言葉」をうつらうつらとやりとりし、朝が来れば散り散りになるだけで、そこには麻薬以外の繋がりは何一つない。アントワーヌがどれほどバルバラに恋着していても、そのような情熱はこの場では初めから問題外なのだ。「エゴイズム」は、元開業医がとりたてて唱えるまでもなく、常用者全員に共通の疾病と見なされるべきだろう。そのことを如実に示すエピソードが、この小説の前半で語られる。「遊学中の青年」アルトナックは、夏休みを南仏で過ごそうと思い立ち、出発前に常習者グループの女友達、ベルトの部屋に立ち寄る。出発時刻まではまだ間があるので、とりあえず一服。暫《しばら》く阿片を吸っているうちに、アルトナックはバカンス用に携帯していた「効き目の速い」ヘロインを自らに注射する。するとたちまち体調が急変し、青年は意識を失って「生ける屍」になる。ベルトは周章狼狽し、仲間を呼び寄せて、ここで死なれては迷惑だ、なんとかしてと泣きつく。そこで瀕死の青年を物理学者の車に乗せて、青年の住居まで、払暁《ふつぎよう》のパリ市内を走る。このくだりは落語の「らくだ」や、「千夜一夜物語」の中の嫌われ者の傴僂男《せむしおとこ》の話や、イギリスの劇作家ジョー・オートンの傑作喜劇『Loot』など、いくつかの類似の場面を連想させる。死体（この場合は生ける屍）をまるで物のように運んだり隠したりするのを見ていると、どうして私たちは可笑《おか》しくなるのだろう。到着時すでに死亡していたアルトナックを、麻薬仲間は死者の自室に閉じこめ、鍵をかけて立ち去る。（もちろん、死体は警察にじき発見され、この件はグループの壊滅の一因となる）。

小説の後半は、死と人格崩壊の連続だ。まず、のちに密告者だったことが判明したもう一人の「遊学」青年が、二六時中、到る所で警察のスパイの姿を幻視するようになり、癲狂《てんきよう》院に入れられる。仲間を見殺しにした娘、ベルトは、阿片が原因の腹膜炎で死ぬ。バルバラの取り巻きの娘たちは、バルバラと喧嘩別れをして、一人は結核で、もう一人は腸チフスで死に、最後の一人は行方不明になる。カリスマ性を失ったバルバラは、自室で多量のヘロインを自らに注射して死ぬ。配管工のドンドランジェは職を失い、バルバラには相手にされず、自発的に入院して、いったんは中毒から立ち直るが、退院後ふたたび麻薬グループに舞い戻り、とどのつまり絶望して郊外の鉄道駅で列車に飛び込む。物理学者のクルヴォアジエは、ヤクの売人にまで落ちぶれ、警察に捕まり、留置所で縊《くび》れて死ぬ。そして主婦のシモーヌは、いつも夫の留守のたびに麻薬を吸飲しに出掛けていたのだが、このたびは娘たちを連れて夫が旅行中なので、朝まで仲間の部屋にとどまり、しらじら明けにタクシーで自宅へ帰る。夫と娘たちはこの朝の汽車で帰宅する筈だ。マンション最上階の自宅のドアの前で、バッグから鍵を取り出し、鍵穴に差しこもうとする。差しこめない。ゆうべ少し度を過ごしたのだろうか。めまいがする。ベルを押せば住みこみの女中がドアをあけるだろうが、それでは朝帰りがばれてしまう。暫時休んで息を整えてから、もう一度ドアをあけようとする。とつぜん身体が鉛のように重くなり、額に焼けつく朝の光に目がくらむ。

「いやだわ、また、めまい……」とシモーヌは呟いた。

それが最後の言葉だった。シモーヌは雷に打たれたように倒れた。駅からまっすぐ帰宅した夫と娘たちに抱き起こされたとき、その身体はもう冷たかった。

生き残ったのは三人。入院して徹底的に中毒を治し、その後は麻薬グループと手を切ったアントワーヌと、我流の荒療治で禁断症状をどうにか乗り切った経営者コリュモ。そして医者らしく自己診断で身を守りつつ阿片三昧をつづけるオポルタン。

急速に、流れるように語られる、この現実的な物語の全体を、二つの幻想的な（だが必ずしも超現実的ではない）エピソードが前後から挟んでいる。どちらも、ちょいと見には物語の筋立とは全く関係がない。

冒頭に置かれているのは、アントワーヌの北アフリカ駐屯時代の話だ。部隊は小さな丘の麓に陣取っている。丘の上には、右壁に囲まれて、フランス軍に敵対的なアラブ人の集落がある。皎々《こうこう》たる月明りの夜、丑三つを過ぎて、だしぬけに蹄の音が響きわたる。アントワーヌたちが起き出して眺めれば、鞍も轡《くつわ》も付けていない裸の白馬が一頭、どうしたわけか、たてがみを振り乱し、気がふれたような勢いで丘の石壁沿いに走っている。壁の向こうに隠れたと思うと、再び反対側に現れ、集落のまわりを回っている。フランス軍の狙撃兵たちは退屈凌ぎに、まるで射的のように馬を狙って撃つ。白馬はますます惑乱して走りつづけるが、さしそめた曙光とともに、はたと姿を消す……

小説の末尾を締めくくるエピソードは更に奇妙だ。麻薬仲間と手を切ったアントワーヌは、一夜、郊外の友人の家でダイス遊びに熱中し、夜明け前に、セーヌ河沿いの道を歩いて帰る。左手にブーローニュの森を望むあたりで、ゆっくりと走ってくる一台の車と擦れちがい、その後部座席にブロンドの全裸の女が横たわっているのを目にする。車は少し先でUターンして、再び青年の脇を掠《かす》める。間違いない、全裸の美女だ。またUターンした車が三たび脇を掠めたとき、アントワーヌは車のステップに足をかけ、もっとよく覗きこもうとする。と、車は突然スピードを上げ、明るんできたブーローニュの森の方へと走り去る……

これはどういうことだろう。かつて幻視のシュルレアリストとして鳴らしたデスノスが、現実主義的な小説にも（申し訳のように）己のマークを残そうとしたのか。いいや、物語を二つの幻想的エピソードで挟んだ作者は明らかに、幻想から出発して現実を経由し再び幻想へと辿り着くことを、読者に慫慂《しようよう》している。幻想は現実の添え物でもないし飾りでもない。「われわれと夢とは同じ材料で出来ている」（シェイクスピア）。幻想なき現実、現実なき幻想、どちらもただの錯覚にすぎない。真の幻想＝現実を担うことを選んだロベール・デスノスは、ナチスの暴虐に踏みにじられるまで健在だった。

ROBERT
DESNOS
Le
vin
est
tiré...
L'IMAGINAIRE
GALLIMARD
ROBERT DESNOS Le vin est tiré...

夢の領域

もう三十年以上も前、必要に迫られてアメリカのいわゆるミステリばかり読んでいた時期があった。その頃、こんな一節に遭遇したことがある。

ピーター・イベットスンを覚えているでしょう？　私たちの関係はちょっとあれに似ていまして……

ピーター・イベットスンとは何だろう、何者だろう。「覚えているでしょう？」これは小説の中の話し相手のみならず、読者もまた当然知っているだろうと言わんばかりの口調ではないか。私は幸か不幸か、この名前を知らなかったので、従って「覚えて」もいなかった。

（「夏が来れば思い出す、遙かな尾瀬、遠い空……」この歌を聞くたびに、ほとんど機械的に私は呟く。「夏が来ても思い出さない、尾瀬には行ったことがないので思い出さない」）。

ピーターなにがしは、その後も二度三度と別の小説にも出現し、当方は困惑する。いずれの場合にも、この名前は説明抜きで引合いに出されているので、どうやらこれは四〇年代、五〇年代のアメリカ作家たちには共通の了解事項であるらしかった。アメリカ作家だけではない。ずっと後で見つけたのだが、フランスの四人の読書人が編《へん》纂《さん》した『理想の図書館』（一九八八）には、この名前の項目がちゃんとあって、「……その異様な世界はアンドレ・ブルトンを魅惑した」などと記されている。

知らないということについて。無知は恥だ、欠陥だ、つまりは沽券《こけん》に関わることだと感じるのは、だれだっておおむね同じだと思うけれども、たとえ自分の無知が露呈されようと慌てず騒がず、平然としている人はちょくちょく見かける。それでいいのだろう。無知を悟るのは悟らないよりよほどましなのだし、知らないことを知る時はいずれ来るのだから。それをいわば懸案としてずっと気にかけてさえいれば。

（最近、チェーホフの言葉だという一節にぶつかって、その出どころがどうしてもわからず、二人の旧友に問い合せた。一人はチェーホフ全集の翻訳者で元大学教授。もう一人はチェーホフ論の翻訳者で現役の演劇評論家。数日後、連絡があって、二人とも調べがつかないという。私は思わず言う、「読者はだれでも当然知っているだろうというように書いてあるんだよね」。元大学教授はあっけらかんと答える。「俺たちみんな教養がねえんだなあ」）。

そうこうするうちに、「ピーター・イベットスン」の正体は知れぬまま、また別の謎めいた名前がとつぜん現れた。

ピーター・イベットスンもさることながら、忘れられないのは、あの邪悪なスヴェンガリ……

これもまた「先刻御承知のスヴェンガリ」という調子で語られている。この名前も、イベットスンも、何かの作中人物だとすると、両者はそれぞれが同じ作家の二つの作品の登場人物なのだとも、右の文章は読める。あるいは同一作品の中の二人の人物？わからない。おぼろげに感じられるのは、スヴェンガリが邪悪なら、イベットスンのほうは邪悪ではないのだろう、という程度のことだけだ。

それから何年か経ち、ある日、未解決の「懸案」とは全く無関係の用件で、映画の資料を漁《あさ》っていた。とつぜん文字が目に飛び込んできた。

『悪魔スヴェンガリ』
米・ワーナーブラザーズ
原作　ジョージ・デュモーリア
監督　アーチ・メイオ
出演　ジョン・バリモア、マリアン・マーシュ、ブラムウェル・フレッチャー

一九三一年に日本で封切られた洋画一覧の中の記述だ。味もそっけもない資料で、映画『悪魔スヴェンガリ』の内容は全然わからないが、原作者の名前が判明したのだから、あとはもう、一瀉千里に調べはつく。

例の『レベッカ』の作者、ダフネ・デュモーリア（この作家と作品を御存知ない方は、人名事典ででもお調べ下さい。すぐわかります）の祖父にあたるジョージ・デュモーリアは、長年「パンチ」誌で漫画を描き、他にたくさんの本の挿絵を描きつづけて、「挿絵や漫画のキャプション以外には文章らしきものは書いたこともなかったのに」、

五十七歳の年に突如、長篇小説『ピーター・イベットスン』（一八九一）を、三年後には長篇『トリルビー』を出して、どちらも大評判になる。（スヴェンガリは、やはり『トリルビー』の作中人物だった）。生涯の最後の最後に文筆の才能を思いもかけず開花させて、この特異な挿絵画家が亡くなったのは一八九六年。翌九七年には三冊めの小説『The Martian』が出る。

『ピーター・イベットスン』と『トリルビー』の初版本には、作者自身の描いた挿絵が数えきれないほどたくさん入っていた。挿絵画家、漫画家としてのデッサン力や人間観察の妙が遺憾なく発揮された美しいペン画だ。一九三〇年代の初めに『ピーター・イベットスン』は「モダン・ライブラリー」に、『トリルビー』は「エヴリマンズ・ライブラリー」に改めて収められ、どちらの版でも初版の挿絵はそのまま残っている。これ抜きでは価値が半減するとでもいうように。つまり、これらの作品では、画家の余技にすぎない文章が、挿絵の支えでようやく本として成立している？　とんでもない！　二つの小説の文章はいずれも、入り組んだ構文、ちょっと気取った語彙《ごい》、品のよい諧謔など、いかにも十九世紀末の産物らしい特徴を備えた、当時の達意の「名文」なのだ。デュモーリアはヘンリ・ジェイムズの友人だったそうだから、たぶん「パンチ」誌の漫画を描きながらも絶えず文学を愛好しつづけ、「文学老年」となって初めて年来の思いを遂げたということなのだろう。このような名文と、お手のものの美しい挿絵が組み合された結果、もたらされたのは一種の飽和状態、もはや抜き差しならぬ美的構造、どこを切っても滲《にじ》み出てくる華やかさだ。フランス語の単語や文が頻出することも、この華やかさに独特の香りを添えている。

デュモーリアの父親は、フランス大革命から逃れてイギリスに亡命した貴族の息子だった。イギリスで生まれ育ったこのフランス人は、フランスで生まれ育ったイギリス婦人と結婚し、ルイ＝フィリップ治下のパリに帰ってくる。ごらんの通り、デュモーリアの生家は、親の代からほとんど完全なバイリンガル状態にあった。未来の挿絵画家・作家は一八三四年にシャンゼリゼ通りの住居で生まれ、パッシー地区の家で幼年、少年時代を過ごす。ジョージ少年がリセに入った頃、デュモーリア一家は再びイギリスへ移る（たぶん第二共和政を避けたのだろう）。ジョージは父親に強く勧められて、いやいやながら化学の道を選ぶが、二十二歳の年に父親が死んだので、すぐさまナポレオン三世治下のパリに舞い戻り、仲間の画家たちとノートルダム・デ・シャン通りにアトリエを構え、あの『ラ・ボエーム』に描かれたような生活を始める。ところが、まもなく左目の視力を失い、残された右目の治療のためにドイツへ移り、結局はイギリスに帰って、「パンチ」誌の仕事に就く。以後、生涯隻眼《せきがん》だったイラストレーターの生活は外面的には平坦そのもので、何の波瀾も珍事もない。死の五年前に『ピーター・イベットスン』を書くまでは。

たいていの小説家の第一作は自伝的なのが通り相場だという。『ピーター・イベットスン』の主人公の生い立ちは、作者ジョージ・デュモーリアのそれとほとんど同じだ。物心ついたばかりのピーターの目に映じたパッシーの家の庭の風景が、事細かに語られる。その草木や、花や、鳥や、昆虫。小さな猫車がピーターの最初のおもちゃで、納屋から鶏小屋へ、また納屋へと、煉瓦のかけらを乗せたそれを幼児は押して歩く。そこはポンプ通りと呼ばれる街路の一角で、同じ通りに住むコンシエルジュや、廃兵や、学校教師と、幼児は馴染みになる。少し先はブーローニュの森の入口だ。小さな池、というよりむしろ、鬱蒼《うつそう》たる木々に囲まれた沼があって、そこで見かける水生動物のかずかずに幼児は魅了される。家では、かつて声楽家志望だった父親がときどき美声を張り上げて歌い、母親がハープで伴奏する。父親は音楽だけではなく発明にも熱心で、いつも何やら化学の道具をいじっている。近くに住む親戚の婦人や少女たちが昼さがりのお茶の時間に訪ねてくる。ピーターは少女の一人と庭で無心に遊ぶ……

「夢のような」幼年期の情景だが、やがて判明する通り、これは「夢のような」ではなくて、紛れもない現《うつつ》であると同時に夢そのものなのだ。過去はいったんは無に帰したと見えて、実は夢の領域にそっくり取り込まれ、そこで際限なく継続する。

発明マニアの父親が化学薬品の爆発で死に（デューモーリア家では爆発はなかったので、ここが自伝からフィクションへの転換点というわけだ）あとを追うように母親が病死して、孤児になったピーターは、イギリス在住の義理の叔父、イベットスン大佐に引き取られて、建築業者の所へ徒弟に出される。大佐は素行のよろしくない粗暴な男なので、ピーターはどうも好きになれず、やがて叔父の家を出て、ブルジョア階級からの脱落者に向けられる世間の冷たい目に耐えながら、建築の勉強に精を出す（このあたりはなんとなくディケンズ風、あるいはハーディ風だ）。

青年建築士として認められるようになったピーターは、ある資産家の新築披露パーティに招かれたことから始まって、徐々にイギリス社交界に入って行き、そこで「高殿の公爵夫人」と呼ばれている美女と出会う（デューモーリアの挿絵に描かれた公爵夫人はほとんど十二頭身という極端なスタイルのよさだ）。二人はどちらからともなく親しくなり、何度かデートを重ねるうちに、その公爵夫人こそは昔パッシーの家の庭でピーターと遊んだ少女と同一人物だと判明する。夫人は夫の公爵と折り合いが悪く、別居状態がつづいているらしい。

ある日、社交界の別の婦人から、イベットスン大佐がその婦人に宛てた手紙を見せられ、ピーターは愕然とする。大佐は、ピーターの亡母との関係を手紙の中でほのめかしていた。自宅に押しかけてきた甥《おい》に詰問されると、大佐は平然とピーターの亡母を昔口説いたことを認め、お前は俺の子かもしれないと放言する。携えて行ったステッキで、ピーターは大佐を殴り殺し、逮捕されて、裁判の結果、終身刑を宣告される。

このあとなのだ、作者の真骨頂が発揮されるのは。獄中で、ピーターは昔のパッシーの家を訪ねる夢を見る。夢の途中で現在の公爵夫人がその場に現れる。翌朝、面会に来た公爵夫人にこの夢の話をすると、夫人は驚愕する。前夜、夫人も同じ夢を見たのだ。夫人も夢の中で昔のパッシーの家を訪ね、そこに来ていたピーターと出会ったという！

それからというもの、ピーターと公爵夫人は一度も顔を合せることなく、物理的には何キロも隔たったままで、毎夜、夢の中でのデートを繰り返す。それぞれ一定の体位、一定の心構えで別々の寝床に横たわり、眠りに落ちると、二人は必ず夢の中で出会って、パッシーの家の庭や、ポンプ通りや、ブーローニュの沼のほとりを、腕を組んで散策するのだ。夢の領域はイギリスの陰鬱な天候とは対照的に隅々まで明るく、夢の中の風景や人物や物体は照明をあてられてでもいるように輪郭がくっきりしている。ピーターと夫人が幼児だった頃の大人たちや遊び仲間の子供たちは、みんな当時の年齢のままで動きまわったり喋ったりしているが、二人の訪問者の姿はだれにも見えない。一度ピーターは懐かしさのあまり、こちらの存在に気づかない母親を抱きしめようとして、途端に夢はこわれ、風景も人物も掻《か》き消えてしまった。遊び友達で一人、塀の上から落ちて死んだ子がいて、その事故の場面に再び遭遇した二人の訪問者は、なんとも言いようのない悲しみを味わわなければならない。結果を知っている二人がいくら警告しても、その叫びは子供たちには全然聞こえないのだから。

こうして夢の中のデートを重ねるうちに二十五年が経過し、公爵夫人が交通事故に遭って死ぬと、その知らせが監房に届かぬうちに、ピーターは自失状態に陥り、食べることも話すことも拒否して、精神病院に収容される。それから数年後、脳梗塞《のうこうそく》で死ぬまで、病人は密かに回想の文章を書き綴った。遺言によって、原稿は遠縁の婦人の許に届けられ（このひとも昔のパッシーの家を訪ねたことがあり、幼い頃のピーターをよく知っている）、婦人の校閲を経て、出版の運びとなる。架空の校閲者は序文の中で、差し障りのないよう、人名はすべて仮名に変えたこと、大筋と関係のないディテールの一部を削除したことを断っている。（フィクションの正当化のための、みごとな枠組み造り）。「かりに彼が狂人だったとして、その狂気を共有しているのではないかと見られる危険を顧みず、私はあえて言おう。彼が死ぬまで正常だったこと、この物語がすべて真実であることを、私個人は信じていると」。

このような作品を読み終えた読者は、嘆息する以外に何を言ったらいいのだろう。夢の世界での男女の相愛というアイデアは、その後、英米の文学で、なかんずくアメリカの大衆小説や映画の分野でいくたびも繰り返されたから（日本では昔「夢で逢いましょう」というテレビ番組のタイトルがあった）、現在の私たちは前世紀末の読者ほどには熱狂的になれないのだが、ある評者は『ピーター・イベットスン』について「何よりも不思議なのは、ジョージ・デュモーリア以前に、だれもこのような小説を書かなかったことだ」と言っている。そう、作者のオリジナリティに驚きつつ、フロイトや「退行現象」を持ち出したり、十九世紀フランスの政情不安定を背景に持つバイリンガルの土壌からこのような幻想と徹底逃避の文学が生まれた、などと言ってみたりしても始まらない。別の評者は、デュモーリアは「本当にこんなふうだったらどんなにいいだろう」と思いながら、その思いに導かれて素直にこの作品を書いたに違いない、という意味のことを述べている。全くの話、入り組んだ華麗な文章から伝わってくるのは、何よりもまず作者の感情の真率さと、年月を経て洗い浄《きよ》められた回想の美しさなのだ。そのあたりに、この突然変異的作品の真価がひそんでいるのかもしれない。

『ピーター・イベットスン』の三年後に発表された次の作品『トリルビー』では、第二帝政期のパリにアトリエを構えるイギリス人の画家たちと、その周囲の人々の青春の群像が、前作よりもいくぶん快活な口調で生き生きと描かれる。画家たちのアイドルまたはマドンナは、モデルを務める洗濯女トリルビーだ。この大柄な娘は肉体的には申し分なく美しいし、気立てもよいのだが、なにせ生まれも育ちもパリ下町だから、喋る言葉は恐ろしくぞんざいで下品な下町フランス語。おまけに、のべつ口ずさむ唄は、だれでも吹き出してしまうほどの完璧な音痴の唄なのだ。このトリルビーをめぐる恋の鞘当《さやあ》て、ちょっとした誤解や行き違いは、日常の中で好天や悪天のように繰り返されるけれども、基本的には固い友情で結ばれている青年画家たちは、金が入りさえすればトリルビーや近所の人たちまで呼び寄せて、飲めや歌えやの大騒ぎをする。そんなときの景気づけに呼ばれる雇われ音楽師スヴェンガリは、経歴不明だが、どうやら東欧の生まれらしい。山羊鬚《やぎひげ》をたくわえた悪相の中年男で、人相のみか心もねじくれているから、「ヴァイオリンのパガニーニに匹敵するほど悪魔的に」ピアノを演奏し重宝がられている割には、だれにも好かれない。

画家の一人とトリルビーとの恋が悲劇的に破綻し、その傷心のためか、実家の父親の自堕落に絶望したためか、トリルビーは姿を消す。それから数年経過。とうにパリのアトリエを畳んで帰国していた画家たちは、全ヨーロッパで評判の歌姫「スヴェンガリ夫人」のイギリス公演を聴きに行く。各国の有名劇場で大喝采を博し、王侯貴族の館にもしばしば招かれるという超一流のソプラノ歌手は、名前からすると、ひょっとして、あのスヴェンガリのかみさんなのだろうか。舞台に現れた女性を見て、画家たちは仰天する。トリルビーだ！　あの音痴が、どうして？　歌い出した元洗濯女の歌唱は別人のようにしっかりしているが、様子がどうもおかしい。目がすわり、身体はなんだか強張《こわば》っているような……紆余曲折を経て、謎が解ける。哀れな娘はスヴェンガリに催眠術をかけられ、歌手として奴隷のように扱《こ》き使われていたのだった。まもなくスヴェンガリは人の恨みを買って殺され、音痴に戻ったトリルビーも衰弱して死ぬ。施術者と被施術者が揃って破滅するという、催眠術の終りにふさわしい完璧な幕切れ。

催眠術の力を借りて一時的にもせよ音痴が治るものなら……と前世紀末の読者が内心期待したのかどうかはわからないが、この第二作は前作に負けず劣らず熱狂的に迎えられたようだ。『トリルビー』は直ちに舞台化されて、すでに原作者の存命中からロングランをつづけた。この舞台では、ウィルトン・ラケイという俳優が悪役スヴェンガリを演じて評判になり、原作者の息子のジェラルドも端役を演じていたという。『ピーター・イベットスン』のほうも、すぐに戯曲化はされたのだが、その台本はなかなか上演されるには至らず、作者の死後二十年も経って、第一次大戦中の一九一五年にようやく舞台にかけられた。この芝居も、当時の有名女優、コンスタンス・コリアが制作し、同時に公爵夫人役を演じて、『トリルビー』を凌ぐ大ヒットとなった。同じ舞台は一九一七年には海を渡ってニューヨークで幕をあけ、そこでも約二年のロングランを記録した。ワーナーブラザーズが映画化した『トリルビー』、すなわち『悪魔スヴェンガリ』が日本で封切られた頃、ニューヨークのメトロポリタン・オペラハウスでは、作曲家ディームズ・テイラー(一八八五―一九六六)による歌劇『ピーター・イベットスン』が蓋をあけた。

それにしても、これら二つの作品につづく三番めの作品、『The Martian』というのは、一体どんな話なのだろう。面白いものが二つ続いたあと、残る一つが果して面白いのかどうか。

この遺作が出版された翌年には、ジョージ・デュモーリアの絵と詩を組み合せた『キャメロットの伝説』という本も出ている。

更には、ジョージの孫のダフネが、『レベッカ』よりも前に『デュモーリア家の人々』

（一九三七）という実録本を出している。これはぜひとも一読したいものだ。『トリルビー』の舞台で端役を務めた息子ジェラルドは、「エヴリマンズ・ライブラリー」版の『トリルビー』の序文で、父親の病室を最後に訪れたときの模様を語っている。息子が芝居の巡業の裏話を面白おかしく話して聞かせると、父親は大いに笑い、笑いながら猛烈に咳き込んだ。やがてジェラルドが帰ろうとすると、咳き込みながら、見えないほうの目でウィンクして、フランス語でこう言った。Si c'est la mort, ce n'est pas drôle.（これで死ぬんじゃ、ぞっとしないね）。

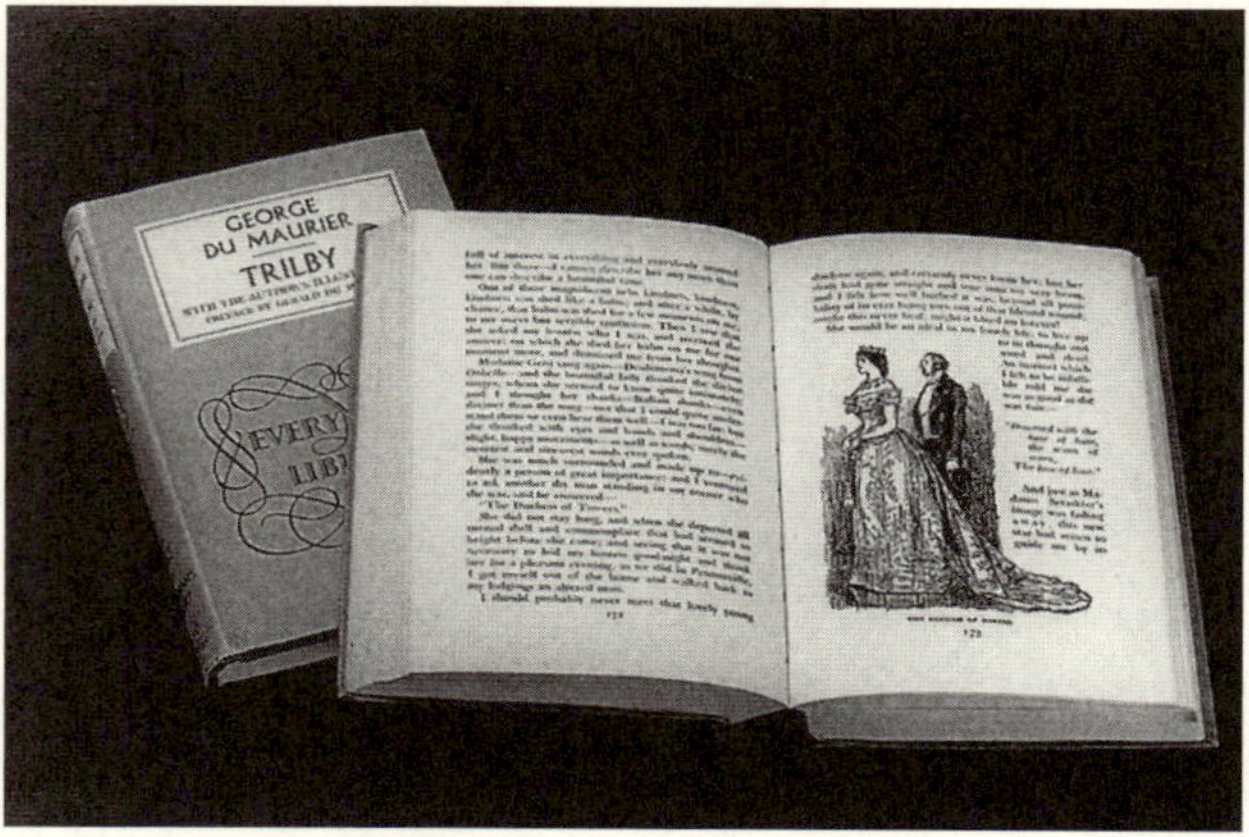
GEORGE
DU MAURIER
TRILBY

良識に逆らう

約束の時刻に友達の家を訪ねれば、母堂が出てきて、まもなく帰ってまいります、お待ちいただくように言われておりますから、と招じ入れられ、ぽつりぽつりと世間話をしているうちに、当の友達ではなく、友達の兄貴、この家の長男がやってきた。二、三年前に結婚し、今は別の町に所帯を構えているこの長男とは、いくたびか顔を合せたことがあり、やあやあと挨拶を交したあと、ひきつづき友達の帰りを待ったが、驚いたことに、長男と母親は私の前で俄然、諍《いさか》いを始めたのだ。私はもちろん退散しようと腰を浮かしかけるが、そのたびに母親あるいは長男がこもごも振り向いて、「ねえ、そう思いません？」などと熱っぽく同意を求めるから、こちらは本意《ほい》なき立会人といったかたちで、金縛りに遭ったように動けない。

しかし、これはほんとうに諍いだったのだろうか。長男は明らかに自分の妻のことで愚痴をこぼしに来たのだ。それは間違いない。だが、息子の愚痴に乗せられた母親が調子づいて嫁の悪口を並べ始めると、息子はいつのまにか妻を擁護する立場に移行し、ある時点で擁護から攻撃へと打って出て、母親の狭量を非難する。非難された母親はこれまた自己弁護から攻撃へと乗り出して、嫁も悪いがお前も悪い、どちらかといえばお前のほうが悪い、お前に責任がある、などと言い募る。責任を突然被《かぶ》せられた息子はいきりたち、われわれの生活の実態を知らないでよくそんなことが言えるものだと、再び妻の言動のあれこれに矛先を向ける。すると母親は再び嫁の悪口を並べたて……以下、同じことの繰り返しだ。諍いの輪がぐるぐる回るうちに、母と子の語彙は次第に均《なら》されていって、例えば片方が「尻の穴《けつ》が小さい」と言えば、もう一方は「尻の毛まで抜かれる」と言う。激昂と感傷、否定と肯定、突き放しと歩み寄りが、時にはいわゆる「ガス抜き」の笑いまでも伴って反復されるうちに、一体だれがだれを非難し、だれがだれに擁護されているのやら、とんと見当もつかぬ濃霧のような世界が出現し、立会人は内心呟く。これは諍いではなくて、ひょっとすると、そう、睦《むつ》み合いではないのか。

睦み合いというなら、世の中には現に「マザコン」息子や「子離れのできていない」

母親の例がごまんとあって、少々常軌を逸した母子の「一卵性」とやらは昔も今も珍しい現象ではない。但し、そのような母子関係の本質はあくまでも相互依存、すなわち、お互いに受け身だということだから、右に述べたたぐいの睦み合い――諍いや衝突から、極端な場合、尊属殺人にまで至る可能性を孕《はら》んだ睦み合いは、「真性」の密着型母子にはかえって見られないのではないかと思う。少なくとも私たちの周囲では、そういう母子があたり構わず肉体的・精神的にべたべたすることはほとんどないようだ。ここまで書いてきて、ちょっとテレビを入れると、ちょうど人探し番組のクライマックスで、何十年かぶりに再会した母と子がひしと抱き合っている。友人知人同士が何かの折、半ば戯れに抱き合い、赤ん坊でもあやすように相手の背中を軽く叩き合う図は、今日この頃、テレビの画面や、スポーツ競技の場や、街頭でも、ちょくちょく見かけるようになった。しかし、実の親子がひしと抱き合う光景は、よほどの場合ででもない限り、私たちの生活圏では滅多に見られない。「戯れに母を背負う」ことならあるかもしれないが、マザコンであろうとなかろうと、母親を抱きしめるなんど小っ恥ずかしくて、なかなかできるわざではない。ところが、フランスの作家、アンリ・トロワイヤの小説『オリガの挑戦』（一九九四）をひもとくと、第一章からこの親子抱擁の図が現れる。一人息子が（人前でではないが）母親の胸にすがって泣きじやくり、別の箇所では母親に膝枕をする。フランスでなら珍しくもない？　だが、この母親は大御歳《おおおんとし》八十歳で、息子は五十九歳だと聞かされたら、日本人フランス人の別なく、だれもが「ゲーッ」と言うのではないだろうか。母親の乳はしなびてぺちゃんこだし、その太股はとうに弾力を失っているのだから。

トロワイヤはもともとロシア生まれのロシア人で、幼い頃、両親に連れられて革命後のソビエトからパリへ移り、一九三〇年代半ば以降フランス語で書き始めて、今日まで実に六十年余りも書きつづけている恐るべき多作の人だ。一九九六年現在の著書の数といったら、単発の長篇小説が二十七冊、三篇乃至《ないし》五篇の長篇から成る「大河小説」のシリーズが七つ（二十五冊）、短編集が六冊、露仏の作家や詩人、ロマノフ朝の君主などの伝記が二十冊、他に随筆、回想記、旅行記、戯曲などを含めると、全著書数は八十六冊に上る。八十六冊という数自体は、日本の「流行作家」の生産冊数と比べてさほど多くないかもしれないが、この人の長篇や伝記は、例外的に短いものでも（日本の四百字詰原稿用紙に換算して）五、六百枚、ほとんどが千枚あるいはそれ以上だから、総量はもしかするとバルザックに匹敵するのではないだろうか。いや、肝心なのは量よりも質だ。このたびの『オリガの挑戦』を、トロワイヤは八十三歳の年に書き、二年後、八十五歳の年には次の長篇を公刊している。いつだったか、八十五歳で亡くなった或る日本作家の最晩年の作品を読んで、なんとも癒しようのない惨めな気分に陥ったことがあった。まるで痴呆老人の繰り言のようにいくたびも繰り返される同一のエピソード。穀象虫《こくぞうむし》のまじった米飯のように、そこここに頻出する矛盾。崩れかけた文法、壊れかけた構文。戦前から活躍していたその人の、なんと無残な凋落《ちょうらく》ぶりだったことか。これに比べれば、老年のトロワイヤは相変らず「仕事きっちり」という感じで、いささかも揺るぎのない文章といい、主題の力強い展開といい、「健筆」ということばはこの人のためにあるのではないかとさえ思いたくなる。

強いて言うなら、八十歳代のトロワイヤの作品は二十歳代の作品ほど目が詰んでいないし、息苦しさもだいぶん緩和されているような気がするけれども、これは当然といえば当然のことだろう。いずれにせよ、若い時も、老いてからも、風通しの良さがこの人の文学の最大の美点であることを強調しておかなければならない。例えば一九三〇年代の有名な作品『蜘蛛《くも》』では、「健康な肉をすべて毒液に変えてしまう蜘蛛」のような青年、ジェラール・フォンセークの毒液製造のプロセスは、きわめて風通しの良い明快な文章によって余すところなく暴かれているから、青年の姿はほとんど透き通っていて、非文学的なモラルや感傷の侵入を受け付けない。神経質で、虚弱で、家族や社会への悪意に凝り固まり、まるで思春期の少年のように姉や妹たちの結婚に一々反対するジェラールは、結局、家族の注目を浴びたい一心で狂言自殺を試み、タイミングを誤って本当に死んでしまう。息苦しいし、薄気味悪いが、感情移入からは能《あた》う限り遠いトラジコメディだ。それから六十年経って、『オリガの挑戦』では、登場人物の透明性がいっそう強まっているにせよ、ジェラール青年の息苦しさ薄気味悪さは五十九歳の一人息子ボリスには全く伝わっていない。これはただの「マザコン」、ただの意志薄弱者で、そんな初老の甘えん坊をほとほと持て余しながらも、事あるごとに庇護《ひご》せずにはいられない母親、八十歳のオリガのほうに、ほんの僅《わず》かだが、かつての『蜘蛛』の本能的悪意の痕跡が認められる。

オリガは作者トロワイヤと同じようにロシア生まれのロシア人で、幼い頃、両親に連れられてソビエトからフランスに移り、白系露人の経営するパリ近郊の寄宿女学校でバイリンガル教育を受ける。学校を出てすぐフランス人と結婚し、一人息子ボリスを産み、六十年後の現在は亡夫の遺産でつましく暮らしている。ボリスはすでに結婚に失敗し、そのあとの情事にも失敗して、母親の住居に転がり込む。ボリスの元妻と元愛人（どちらもフランス人）はレズビアンの間柄かと疑われるほど妙に仲が良くて、共同でパリ市内のボリス所有のロシア・レストラン（もちろん母親オリガが息子に買い与えたのだ）を切り回している。駄目息子は形式的に古本屋などやっているが、実態は、レストランのオーナーとして、二人の中年女性の働きの上前で生活している。このレストランの屋号が「ゴーゴリ」というのは、ちょっと、ふざけすぎではないかとも思えるが、トロワイヤによれば、ゴーゴリは実際に大食漢だったそうで、だからレストランの屋号にはふさわしいのだとか。『死せる魂』を読み返してみよう。第一部第五章にこんなくだりがある。

……羊の肋肉に次いで凝乳饅頭が出たが、こいつは一つ一つが皿よりもずっと大きかった。その次には子牛ほども大きさのある七面鳥が出た。これには、玉子だの、米だの、肝臓だの、そのほか訳の分らない、いろんな、いかにも胃にもたれそうな代物が詰めてあった。それで午餐はおしまいになったが、食卓をはなれた時、チチコフは十五六キロも目方がふえたように思った。客間へ戻ると、そこにはいつのまにか小皿に盛ったジャムが出ていた……（平井肇・横田瑞穂訳）

まこと、こういうことを書く人は、大食漢か、全く大食漢ではないか、どちらかだったに違いない。

髪の長いゴーゴリの肖像画の複製が皮肉な目でレストランの客たちを見下ろしてい

る。もともと息子の嫁にロシア料理を仕込んだのは姑のオリガだったが、今このレストランで出す料理は「口が曲がるほど塩辛くて」本当のロシア料理には似ても似つかないのに、それをフランス人の客たちは喜んで食べていると、老女はしきりに嘆く。寄宿女学校でロシア正教とロマノフ朝と十九世紀ロシア文学への敬意を叩きこまれて育ったオリガは、料理に限らず、二人の中年女性に牛耳られている息子をも含めて、周囲のすべてがどんどん旧ロシアから遠ざかっていることが歯がゆくてならない。残り少なくなった寄宿女学校の同窓生たちはときどき寄り合って亡命以前のロシアでの生活を懐かしむが、その思い出話さえ大半は両親からの伝聞と文学作品に描かれた情景とのごった煮で、幼い日に故国を離れたこの世代はロシアのことなどもうほとんど記憶がないのだ。オリガ自身、日常的には何の不自由もなくフランス語で生活していて、友達と昔を懐かしむときや手紙を書くときだけロシア語を用いる。実は、ボリスがまだ赤ん坊だった頃、オリガは寄宿女学校時代の思い出をロシア語で書いて、亡命ロシア人の雑誌に投稿し、その長めの中編小説が亡命者社会の内々でちょっとした評判になったことがあった。本人も忘れかけていた遙か昔のこの作品を、「ゴーゴリ」レストランの常連の翻訳家が発掘して、フランス語に翻訳し、単行本にしたいと出版社にまで話をつける。ここから物語は急速な展開部に入る。

こんな骨董品だれが読むものですかと、初め出版を拒んでいたオリガだが、せめてフランス語訳の原稿に目を通すだけでもと懇願され、自分の昔の文章を読むうちに、これはそんなに悪くはないと思い始め、とどのつまり出版は成立する。世に出た『城の娘たち』（寄宿女学校は古いシャトーに陣取っていたので）はまず玄人筋で評判になり、まもなくテレビの人気キャスターが司会する新刊紹介番組にオリガが出演してからは、爆発的に売れ始め、著者は一夜にして有名人になる。もちろん、オリガは初めテレビに出る気はなかったのだが、出版社主や訳者の達《たっ》ての要求に負けて、いやいやながらスタジオに出向いたのだった。ところが、ひとたび司会者から水を向けられると、一見地味で何の華もない亡命者の老婆、ほんの少しロシア訛《なま》りのあるフランス語を話す八十歳のオリガは、タレント顔負けの弁舌の爽やかさで、まずは寄宿女学校時代の滑稽なエピソードを披露して笑わせるかと思えば、次には自分たちの父母をロシアから追い出したボリシェヴィキ政権の非道を糾弾し、翻っては亡命者を受け入れてくれたフランス、幼かった自分を育《はぐく》んでくれたこの国への愛着を語り、最後に「結びの一言を」と司会者に言われて「フランスよ、ありがとう！」と締めくくるあたりでは、もう完全にスタジオと視聴者の関心を攫《さら》ってしまう。この放送があまりにも好評で、本の売れ行きも急増したから、出版社主は『城の娘たち』の続編を書かないかとオリガに持ちかける。オリガは翻訳者の運転する車で、昔の寄宿女学校を見に行く。懐かしい生活の場をもう一度この目で見れば、何か構想が湧くだろう。だが、昔ながらのシャトーは今や政府に接収され、警察機動隊の宿舎になっていて、部外者の立ち入りは許されない。時代の移り変りを実感したことがかえって創作意欲を刺激したのか、オリガは昔書いたいくつかの短編を巧みに繋ぎ合せる作業に熱中して、たちまちのうちに第二作『火花を盗む女』を纏《まと》め上げる。この二匹めの泥鰌《どじょう》は前作を凌ぐ売れ行きで、二冊のベストセラーの作者の名はペレストロイカ期のソビエトにまで届き、ソビエトの出版社からこの二冊のロシア語版を出したいという申し入れが舞い込む。かねがね共産党の支配する贋《にせ》のロシアには絶対に足を踏み入れないと公言していたオリガは、内心を抑えた不機嫌な声で呟く。「出したいなら勝手に出せばいい。私は関係ない！」。

一九九二年二月、ソ連崩壊後の新生ロシアの大統領、オリガの息子と同じ名前のボリス・エリツィンがパリを訪れる。ロシア大使館ではレセプションが開かれ、白系ロシア人の有力者たちと一緒にオリガも招かれる。オリガは決然と招待状を引き裂くが、数カ月後、そのレセプションで大統領と歴史的な握手を交したロマノフ朝の生き残り、ヴラジーミル太公がアメリカのフロリダで客死し、その遺体がサンクト・ペテルブルクの皇族の墓地に葬られるという新聞記事を読む。その夜、テレビの画面で見慣れたエリツィンの、あの大きな顔がオリガの寝室にぬうっと現れ、あなたをノボジェヴィチー墓地に葬ってあげましょう、あなたの好きなチェーホフの墓の隣にね、と言う。「大統領、私のことはお構いなく」と、オリガは言い返し、それがフランス語だったことに気づいて、もう一度ロシア語で言い直したときは、すでに目が醒《さ》めている。（トロワイヤは芸が細かい！）。

エリツィン訪問後のパリでは、ロシア・ブームが起こる。ロシア・ツアーへの参加希望者が殺到して旅行社は悲鳴を上げ、「ゴーゴリ」レストランは毎晩のように入りきれない客を断らねばならず、客など来た例《ためし》のなかったボリスの古本屋にさえロシア語の本を漁る人たちが現れる。（日本ではこういうことはほとんど起こらなかった）。ボリスの元妻と元愛人はこの機に乗じて商売を盛り上がらせようと、ロシア民俗音楽専門の楽団を店に入れることを提案して、オーナーの母親に手厳しく反対される。「本当のロシア人ならロシアを夢見るのにバラライカは要らないのよ」。

突然、昔の寄宿女学校の同窓生二人がオリガの自宅を訪れる。その二人はロシア・ツアーから帰って来たばかりで、だれかに旅の話をしたくてたまらないのだろう、大量のスナップ写真を見せながら酔ったように喋りつづける。写真にも、話にも、ただの観光客のレベル以上のものは何一つなく、オリガは旧友への失望が湧き上がるのをどうすることもできない。一時的な流行に乗っているだけの、なんという薄っぺらな連中だろう。オリガ自身は著作第三弾として、『聖なるロシアか、呪われたロシアか』と題するエッセーを書くつもりでいるのだが、そのためにはやはり現在のロシアを一見する必要があるのかもしれない。しかし、自分の夢枕に立ったエリツィン、「あのアル中のどん百姓」が治めるロシアというものを、全面的に信用する気にはまだなれないのだ。

まもなく、「ゴーゴリ」の二人組、ぐうたら息子の元嫁と元愛人までもが、夏のバカンスの休業期間を利用してロシア旅行に出掛けるという。「ボリス、あんたも行けばいいのに」。いや、息子は行かない。「留守中、母さんにもしものことがあったら大変だろう」。二人の中年女性は浮き浮きと出発し（「せいぜい本場のロシア料理を勉強してきます！」）世の中の動きに取り残されたかたちの母と子は夜ごと食卓を挟んでつくねんと向かい合い、通いの女中の作ったフランス料理を口に運ぶ。三週間後、二人の女は意気揚々と帰って来て、オリガに頼まれていたペテルブルクの生家の写真を差し出す。ドーリア式の円柱が正面に立つ、ひび割れだらけの古びた建物。これがオリガの生家なのか。所番地と建物番号は合っている。「そうね、私の部屋は確か、この窓……二階の、左側の……」と老女は呟く。だが、正直なところ、幼年時代の切れ切れの記憶が頭を掠めるのみで、写真に写っている建物はオリガの心に何の記憶も感興も呼び覚まさないのだ。おかあさんもぜひ行ってらっしゃいと、二人の女はしきりに勧める。暫時の間を置いて、オリガの唇からとうとう言葉が零《こぼ》れ出る。「秋口のロシアはとっても気候がいいのよ。行きましょう、ボリス、二人で行ってきましょう。すぐ手続きをしてね」。

それは大伽藍《だいがらん》の丸天井の下で話すときのような、妙に歪んで増幅された声だった。口をつぐむや否や、大いなる静けさと沸き上がるような喜びがオリガを包んだ。二人の女とボリスを眺め……一瞬、自分を含めたこの場の四人がみな同い年で、四人とも同じ国に属しているかのような錯覚を、オリガは抱いた。その国はロシアでもフランスでもなく、もっと巨大な、もっと友愛に満ちた、もっと神秘的な国土で、その名はいかなる地図帳にも記されていない……

出発の日が定められ、その二日前、「ゴーゴリ」レストランの二人の女性は、オリガとボリスを送別の宴に招く。老女は若返ったように元気よくウォッカの杯を重ね、この夜初めて元嫁のロシア料理を褒める。そしてデザートの段になると、突然、ゴーゴリの皮肉なまなざしの下で受け皿に顔を突っ込み、意識を失う。病院へ運ばれて、数時間後に死亡。葬式をすませて、二カ月後、「亡き母の供養のために」ボリスは単独でロシアへ旅立つ。だが無気力な男はロシアで特に何をするでもなく、これは母親の幻影を徒《いたずら》に追い求めるだけの旅に終るだろう。

母の生涯は世間の良識に逆らう或る種の「挑戦」だったのだろうかと、息子はふと思う。ボリシェヴィキの社会を決して許さず、フランス共和国に感謝はしてもその市民社会に同化しようとはせず、「いかなる地図帳にも記されていない国土」の住人として、オリガはその生涯を終えた。十九世紀ロシア文学の反俗精神の正統的継承者と、このひとを呼ぶべきかもしれない。

実に均整のとれた、揺るぎない作品だ。こういう小説をトロワイヤ老はあと何篇書いてくれるのだろう。風の便りによれば、この作家は最近「ヘルシー」な日本料理を偏愛し、特に寿司が好物だという。ただ寿司ねたの鮪《まぐろ》は赤身しか食べない――なぜなら「トロワイヤ」だから。このギャグはそう不出来でもないと思うのだが、みんな寒がるだけで全然笑わない。

HENRI TROYAT
Le défi d'Olga
Roman
Flammarion

悪夢の効能

開架式図書館！　それを生まれて初めて利用したのは、確か、一九五一年のことだったと思う。東京日比谷のＣＩＥ図書館。このＣＩＥを、例の悪名高いＣＩＡと混同せぬように。Civil Information and Education（民間情報教育局）というのは、一九四八年版の『現代用語の基礎知識』によれば、「〔進駐軍関係の用語〕民間情報の統制と教育の監督をする局」で、「情報部と教育部に分かれて居り、前者は……書物や雑誌などの出版、放送番組などを統制し、後者は教育に関することを一切監督する」。とすると、この機関も時にはＣＩＡと大して違わない胡乱《うろん》な工作をやっていたのかもしれないが、「民間」人の一人である私にしてみれば、この図書館が「開架」の旨味《うまみ》を初めて味わわせてくれたことは未だに忘れられないのだ。

……私の通った小学校には、図書館あるいは図書室は存在しなかった。膨大な予算が戦争に注ぎこまれていた昭和十年代、どこの小学校もほぼ似たような有様だったに違いない。中学には貧弱な図書室があったが、戦中の勤労動員体制が続いていた間は（動員された生徒たちがほとんど登校しないので）閉鎖されていた。つまり、敗戦以前の私は図書館というものを全く知らずに育ったわけだ。ようやく再開された図書室から最初に借り出したのは昔の「円本」の一冊、ブラスコ・イバーニェスの『地中海』だった。からからの喉に沁《し》みた甘露酒のひとしずく！「初恋は、さる皇后様だった。時に、ウリセス十歳、皇后様六百歳……」（永田寛定訳）と始まる、このロマンチックな物語が、同じ頃、友人から借りて読んだハーヴェイ・アレンの『アントニイ・アドヴァース』と共に、いかばかり明瞭な標《しるし》を十代半ばの少年の心に彫《え》りこんだことだろう。だが、この初《うぶ》い読書にはちょっとした邪魔が入った。『地中海』の主人公、ウリセス船長と、マタ・ハリそっくりの美人「独探」（＝ドイツのスパイ）との濡れ場が、まるまる二ページ、何者かに切り取られていたのだ。

（このようなことは図書館が閉架式だろうと開架式だろうと、いつでもどこでも必ず発生する。一九六〇年代のイギリスの劇作家ジョー・オートンは、同性愛の相手と組んで公共図書館から本を持ち出し、カバーや挿絵をコラージュによってグロテスク化、猥褻《わいせつ》化したり、美術書の図版を切り取ったりした。例えば、園芸の本の表紙の大きな薔薇の花の中心に猿の顔を貼りつけ、その本を元の書架に戻しておいて、自分たちはその書架がよく見える場所で待機し、変貌した本を手に取った人の驚愕のさまを楽しんだというから、これは相当、たちがよくない。いたずらは足掛け四年も続き、被害を蒙《こうむ》った本は千六百冊余りに上った。あたまにきた図書館員たちは警察そこのけの囮《おとり》捜査を開始し、動かぬ証拠を摑んで、二十九歳のオートンと、年上のケネス・ハリウエルを捕える。裁判の結果は二人とも六カ月の禁錮刑。この事件が二人の文学青年の運命の分岐点となった。それ以前の同性愛カップルは売れない小説を何篇か仲良く共同で書いていたのだが、受刑後、オートンは堰《せき》を切ったように自分の戯曲を書き始め、ハリウェルは「主婦」化して鳴かず飛ばずの状態に陥る。五年後の夏、「主婦」は睡眠中の劇作家を撲殺し、その死体のかたわらで自殺した)。

旧制高校では学生演劇の見物に熱中していたので、図書館から本を借り出したことは一度しかない。その一冊の本は『レ・ミゼラブル』の英訳本だった。これは読むためというよりは、生まれて初めて見る「洋書」を少しの間でも手許に置いておきたかったから借り出したのだと思う。それでも恰好つけにぱらぱら頁を繰っていて気づいたのは、この作品の処々方々に挿入されているユゴーの詩や唄がフランス語のままで全然英訳されていないことだった。そのとき私が思ったこと。⑴詩を他国語に移すことは不可能なのか。⑵フランス語のままでもイギリスの読者は理解できるのか。⑶詩を訳さずにすむのなら翻訳というのは楽な商売ではないのか。この三つの疑問は私の中で未だに解けていない。

戦災に遭った大学の新築校舎は木造のバラックで、図書館の出納口は鉄道駅の切符売場そっくりだったから、書架の模様など垣間見ることもできなかった。これぞ閉架の極致！　出納口で本の受け渡しをしていた色白の中年婦人は、たぶん利用者の名前と顔を確実に記憶にとどめるためだったのだろう、めったやたらにこちらの名前を呼んだ。「おはようございます、××くん。二冊だけ返却ですか？　それじゃね、××くん、ひきつづき帯出の一冊を、一応この紙に書いてくださ い。今日お持ちになる分はこれ一冊ですね、××くん？　少しお待ちください。……××くーん！　はい、どうぞ。返却日はおわかりですね、××くん？」といった具合に。やさしくて、まじめで、少し生活に疲れているように見えた、この婦人の声と姿は、そのやさしさとまじめさゆえに、私と書架の中間にしっかりと立ちはだかっていた。今でも大学の図書館というと、記憶に浮かぶのはほとんどこの婦人だけで、読んだ筈の本の中身はあらまし忘れている。

かくのごとき次第で、一九五一年、ようやっとCIE図書館に辿り着く。文学書は二階にあり、階下から「開架」へ向かって階段を上る快感！　そこは、倉橋健氏の最初の著書『アメリカの現代劇』（古今書房、一九四六、定価十七円）をすでに古本屋で手に入れて通読した私には、まるで宝の山のようだった。一九二〇年代から四〇年代までのアメリカ戯曲がずらりと揃っている！　戯曲の他には、もちろん、小説や詩の本もふんだんにあって、十九歳の私は恐る恐る、フォークナーの『響きと怒り』や、ドス・パソスの『マンハッタン・トランスファー』の字づらを（読むのではなく）ただ茫然と眺めたり、E・E・カミングズの詩句の切れっぱしをちょっぴり齧《かじ》ったりした。「クレオパトラとアントニオを思い出して、ぼくたちも少し無骨に少し情欲的になろうよ」（谷川昇訳）。十九歳なりに懸命に読んだのは、倉橋氏の本に紹介されていたオニール、マクスウェル・アンダスン、ハワード・ロースン、オデッツ、サローヤン、テネシー・ウィリアムズ、アーウィン・ショー等々で、読んだばかりか、比較的短めのものを選んで次から次へと四篇も翻訳してしまったのだから、エネルギーの有り余っている若者というやつは放置されれば何を仕出かすやら知れたものではない。翻訳した中の一篇、オニールの『藁《わら》』はさる小劇団の旗揚げ公演で舞台にかけられたが、客は来ないわ、劇評家には無視されるわで、興行は大失敗に終り、主演俳優・兼・

主宰者が劇団のなけなしの金を持って逐電するというおまけまでついた。（最近の研究書を参照してみると、この『蘽』という芝居はオニールの全作品中最もセンチメンタルで最も印象の稀薄な作品である、などと評されていて、私は半世紀前の自分の見る目のなさに改めてうんざりする。サナトリウムでの結核患者同士の恋愛を描いたこの戯曲は、肉親を何人も結核で失った私には、着目に値するもののように見えたのだったが）。

ＣＩＥ図書館に通ううちに、倉橋先生が言及していなかった二、三の戯曲を、まがりなりにも自力で「発見」したことについては、私は少しばかり「自分を褒め」てもいいのかもしれない。そんな戯曲の一つが、ソフィ・トレッドウェルという女流劇作家の『マシナル』（一九二八年初演）だ。これは音楽や人声を含む音響全般に恐ろしく敏感な、他に例を見ないウルトラ前衛劇だと、当時の私は思い、長年そう思いつづけてきて、さて今読み返してみると印象は少し異なる。もちろん、トレッドウェル女史の音に対する過敏さは今読んでも凄いのだけれども、問題は十九歳のモダニズム愛好少年がとうに消滅してしまったので、従って「前衛」的部分も当然その意味合いを変えたということなのだ。

話の筋は明快かつ直截。ＯＬが上司に見初《みそ》められて結婚し、出産し、愛人をつくり、夫を殺し、裁判にかけられ、処刑される。この一直線の道程を、さまざまのマシナル(機械的)な音また音が隙間なく埋めつくしている。何よりもまず、女主人公を初めとして大勢の登場人物たちが全編を通じて執拗に喋りつづける「電報文体」ふうの切れ切れの台詞。そして女主人公の勤め先では、タイプライターや電話やブザーなど事務機器の音。家庭では、ラジオの音と近所の諍いの声。ハネムーンのホテルでは、絶え間ないジャズバンド。産婦人科病院では、増築工事のリベット打ちの音。酒場では、自動ピアノ。愛人との密会の部屋では、街路の手回しオルガンが奏でる「シエリト・リンド」。殺しの場面では、女主人公の頭の中で増幅された大勢の超自然的な人声。法廷では、傍聴席のざわめきや笑いと、記者たちが打つ電信機の音。死刑囚の監房では、上空を通過する飛行機の爆音、他の死刑囚が歌う黒人霊歌、教誨師の単調な祈りの言葉。……これらすべての音響に包まれて、女主人公は孤立し、窒息する。この女性は「悪女」ではない。殺しは窒息感から逃れるための苦しまぎれの身振りにすぎなかった。処刑場へ引き出されるとき、哀れな女性は一声叫ぶ。

Somebody! Somebody――

だが、その声は膨大な音響に掻き消される。こういう芝居に「前衛」とか「後衛」とかの窮屈な枠を嵌《は》めるべきだろうか。これは圧倒的多数の「マシナル」人間に向けられた原初的な魂の叫び、広汎かつ芸術的なメッセージ以外の何ものでもない。（この芝居は海を越えて、イギリスや、ヨーロッパ各国で上演され、モスクワではカーメルヌィ劇場が一年間のロングランを記録した。その後、一九五〇年代には何度かテレビドラマ化され、一九六〇年には、オフ・ブロードウェイで復活上演された。トレッドウェル女史の戯曲は、二〇年代から五〇年代半ばまで他に七篇がブロードウェイの舞台にかけられたが、それらはいずれも写実的で穏健な普通の芝居だったので、『マシナル』は一種の「突然変異」のように従来見なされてきた。ところが最近の研究書によると、この作家には未上演・未出版の戯曲がかなりたくさんあって、その一つ、『マシナル』によく似た手法で書かれ、やはり一人の女性を主人公とする戯曲、『サクソフォーンのために』（一九三四）の生原稿は、アメリカ国会図書館が所蔵しているという。そこはかつてのCIE図書館のように気軽に入れる「開架式」なのかどうか……）。

もう一つ、親切な入門書とは無関係に私が「発見」したのは、ジョージ・S・コーフマンと、マーク・コネリーという二人の作者による戯曲『馬上の乞食』（一九二四）だった。このコーフマンは、自分一人で書いた芝居も少数あるが、大部分の作品はだれかとの合作という、ちょっと奇妙な人物だ。まず、コーフマンあるいは合作の相手のアイデアがあり、次に第一稿を実際に書くのはほぼ例外なく合作の相手のほうで、出来上がった原稿を執筆者はコーフマンの所へ持って行く。いよいよ「共同作業」の始まり。合作者として最も長続きした劇作家モス・ハートの回想記によれば、この「共同作業」たるや「世界大戦の最前線とスペインの異端審問をつきまぜたような」苛烈きわまるものだった。しばしば一つの台詞の書き直しに丸一日が、一つのギャグを成立させるのに三日が費やされる。人物の登場と退場は徹底的にチェックされ、劇全体の構造は原型をとどめぬまでに組み替えられる。寝食を二の次にしたブレーンストーミングは通常五カ月から六カ月はつづき、第一稿執筆者の口惜《くや》し涙は流れ流れて川となり、しかし、やっと完成した戯曲が舞台にかかる頃になると、モス・ハートも、他の合作者たちも、みんながみんなコーフマンに感謝の気持で一杯になり、上演のポスターや戯曲の単行本で作者名を「コーフマンと××」というふうに印刷されても全然不満を感じなかったというから、これはもう、まことに堂々たる「台本職人の親方」ではないか。

『馬上の乞食』は光彩陸離、抱腹絶倒の喜劇だったと記憶していたのを、今改めて読み返すと、喜劇は喜劇でも妙にシリアスな底流のようなものが感じられて、ここでも若い頃の読みはあてにならないという気がする。ただ『マシナル』の暗さと比べれば、これはいかにもアメリカ的な明るい芝居で（アメリカ的な明るさというのは安易で曖昧な言い方だが）、見様によってはかなり深刻な幻想場面も『マシナル』の鋭い窒息感とは全く質が異なっている。ある評論家の曰《いわ》く、コーフマンの作品はすべて諷刺劇だが、それは底意地の悪い諷刺ではなくて、むしろ善意の諷刺なのだ、と。善意の諷刺とは？　とにかく、寓意を寓意以上のものに、メロドラマをメロドラマ以上の何かに仕上げてしまう腕前を、この親方が持ち合せていたことだけは確かだろう。

ニール・マクレイはニューヨークの安アパートに住むクラシック音楽の青年作曲家で、自分のシンフォニーやバレー音楽を書きつづけるために、通俗音楽の編曲のアルバイトをしながら、かつかつの生活を送っている。そのくせ、階下の部屋に泥棒が入り金目の物が盗まれたと聞くと、カンパの代りにそこの住人の蔵書をなけなしの金で買ったりする。こういうお人好しで世事に疎い青年が徹夜つづきのアルバイトで才能を磨《す》り減らしてゆくのを、はらはらしながら見守っている隣室の女友達シンシアは、ちょうど訪ねてきたニールの同郷の青年医師に懸念を打ち明ける。医師はとりあえず友人に休養を命じ、睡眠薬を与える。そこへ、これまた同郷のケーディ一家が訪ねてくる。事業家のケーディは「部品」（何の部品なのかは不明）の製造販売で大儲けした男で、登場するなりニールの電話で株の売り買いを指図し、あとはゴルフの話ばかりだ。その夫人は典型的な金棒引きだし、娘のグラディスはファッションとダンスとレストランにしか関心がなく、その弟は二言目には相手をdirty dog呼ばわりする毒々しい若者だから、お茶を飲みながらの一同の会話は全く嚙み合わない。ケーディ家の四人が嵐のように立ち去ったあと、シンシアの気持に気づいていない医師は、友人にグラディスとの結婚を勧める。経済的基盤を作った上で作曲の仕事に専念せよというわけだ。シンシアも自分の気持を抑えて医師の意見に賛成し、すでに睡眠薬で朦朧《もうろう》となっていたニールは、折しも外から電話をかけてきたグラディスに捨鉢な結婚申し込みをして眠りに落ちる。

ここから、この戯曲のおよそ三分の二を占める悪夢の場面が始まる。ジャズ音楽の闖入《ちんにゅう》。流動する舞台装置。小道具の巨大化や変形。マジックや漫画的ギャグの頻発。特定の人物の連続的な変身。例えば、グラディスは、花ではなくて紙幣を綴り合せた花束を抱えている。ニールのピアノの上に置いてあったペーパーナイフは偃月刀《えんげつとう》のように大きくなる。ニールがマッチを擦ると、数メートル離れた義父の葉巻に火がつく。友人の医師は、夢の中では↓牧師↓給仕頭↓新聞記者と変貌し、最後に医師に戻る。だが特に注目すべきは台詞の捩れや混淆《こんこう》や変質だろう。例えば事業家ケーディは夢の中でも電話をかけまくっているが、その言葉はこんなふうに変る。

もしもし！　うん、うん。じゃ、こうしよう。十八ホールを売って、ウォーターハザードをぜんぶ買うんだ。そう！　もしもし！　じゃ、こうしよう。キャディはじき上がるからな。今朝の八番ホールはどうだ。うん。よし、まとめて売っちまえ。それでよし！……

ニールはなぜか鉄道の始発駅でグラディスと結婚し、入婿のようにケーディ家に入って、義父の会社に就職する。グラディスは結婚後も遊び癖が改まらず、「勤めの合間に趣味として」作曲しようとするニールをしつこく遊びに誘い、断られると怒って、夫の手書きの譜面を引き裂く。ニールは巨大なペーパーナイフで妻を刺し殺し、ついでにケーディ家の全員を殺す。

ニール　ほら、早く！

ケーディ　どうした？

ニール　あんたも死んだんだよ。

ケーディ　ああ、そうか！（倒れて死ぬ）

法廷で有罪を宣告されたニールは、すぐさま上級審に、「もっと上に」訴えると言う。すると裁判長（変身したケーディ）の椅子が数メートル上昇する。

ケーディ　これくらいでいいだろうか？

ニール　結構です。

確定した判決は「終身労働」。一定間隔を置いてコンベヤーで送られてくる俗悪な歌詞にメロディをつける仕事を、ニールは死ぬまで続けなければならない。そこには芸術家たちの監房が並んでいて、小説家、画家、詩人らが同様の労働を続けている。もうまっぴらだ！　とわめき始めたニールは、役立たずの囚人として、文字通り「首を切られる」ことになる。処刑場にはシンシアが現れ、憂わしげにニールの最期を見届ける。くちぐちに叫ぶケーディ家の四人の声が凄まじい騒音となって、まがまがしい暗黒の中に響きわたる……

悪夢から醒めると、そばに現実のシンシアがいる。ここでニールがシンシアを選ぼうと決意することは、言うまでもあるまい。ただ、眠りに落ちる直前、電話でグラディスに求婚したことはどうなる？　だが、再び現れた金持の娘は、昔の恋人と出会って久しぶりにデートの約束をしてしまったので、今夜はあなたとは遊べないと言い、ニールがやんわりと、きみの生き甲斐は遊ぶこと、ぼくの生き甲斐は作曲の仕事だから、ぼくらが一緒になっても意味がないねと言うのを聞いて、むしろ救われたようにデートへと立ち去る。ニールはピアノで自分の曲を弾き始め、シンシアがおもむろにピアノへ近づくところで——幕。

この戯曲が半世紀前の十九歳の少年にたいそう実際的な指針を与えたことを、今でも記憶している。少年は二つのことを心に誓ったのだった。(1)金持の娘とは絶対に結婚すまい。(2)大企業に就職することはできるだけ避けよう。幸か不幸か、「逆玉」や大会社就職のチャンスはその後の人生に一度も訪れなかったので、この戯曲の効能が実際に果してどれほどのものであったのかは依然不明だ。

二十代の中頃、同世代の友人が当時の大富豪の娘と結婚した。ある夜、新婚の二人と私は小さなバーの止り木に並んでいた。友人と私に挟まれた富豪の娘は『馬上の乞食』のグラディス・ケーディとは大違いの、穏やかで内省的な女性に見えた。たまたま私が持っていた小ぎれいな装幀の詩集にそのひとは興味を示し、手に取って暫《しばら》く眺めてから、カウンターの上に置いた。ややあって、ふと見ると、詩集はカウンターの上でそのひとの手許に引き寄せられている。私はそっと詩集を自分の方に少し引き寄せる。次に気づいたとき、詩集は又もやそのひとの方に引き寄せられ、その上にセカンドバッグまでが載っている！　富豪の娘は詩集を奪うつもりなどさらさらなく、これはすでに自分の所有物だとでも思っているのだろうか。無意識のぬすびとが向こうを向いている隙に、詩集を取り返すべく私は四苦八苦する。……それから何年か経って、二人の離婚の噂が伝わってきた。

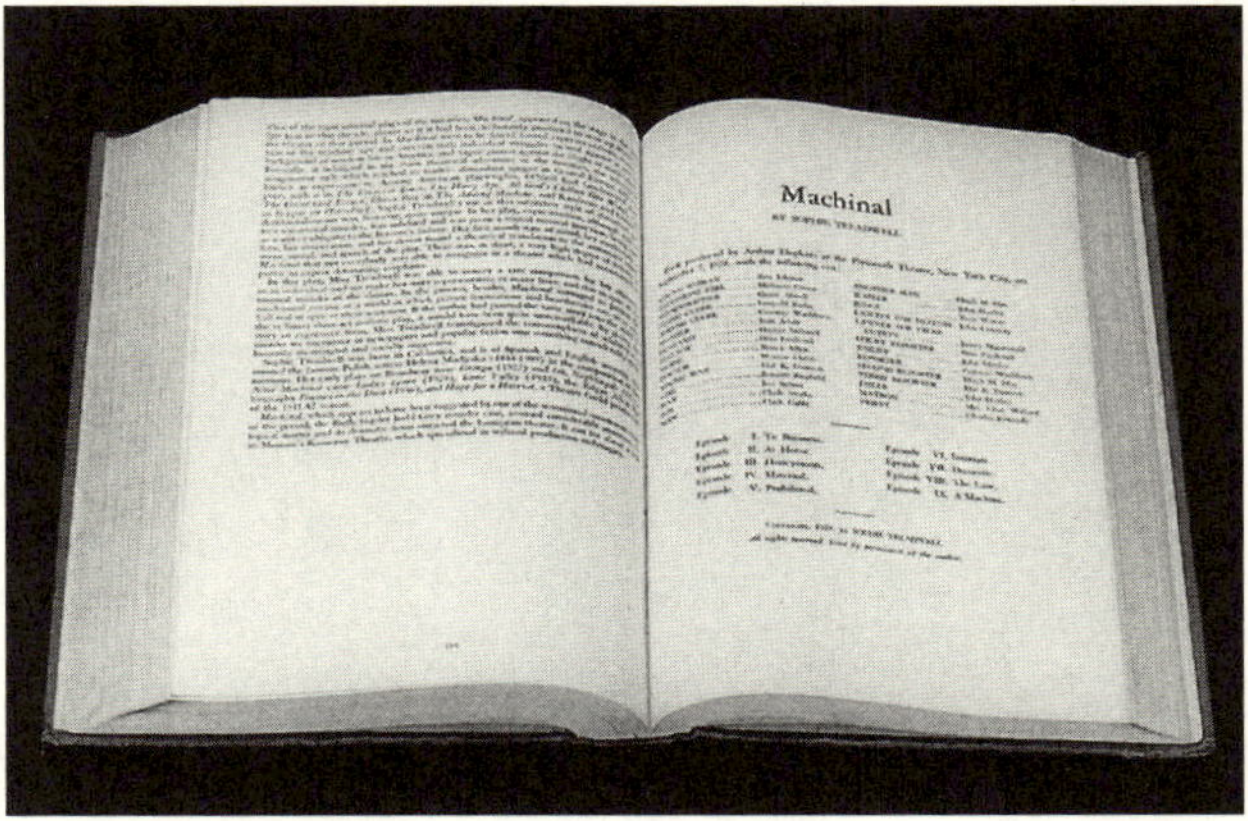
Machinal

最終便

今は亡き詩人、菅原克己の晩年のエピソード。あれは何の集まりだったろう（忘年会？　新年会？　だれかの出版記念会？）、スピーチに立った菅原さんが悲しそうな口調で言う。

「どうも、このところ、昔お世話になった方々がつぎつぎと亡くなり、なんともいえぬ寂しい思いをしておりますが……」

だれかが訊ねる。

「お世話になった方というと、どなたですか」

菅原さんはいっそう悲しげに答える。

「例えば……ジャン・ギャバンとか……」

そう答えたとき、この詩人が思い浮かべていたのは、戦前の『望郷（ペペ・ル・モコ）』だろうか、それとも戦後の『現金《げんなま》に手を出すな』だろうか。この詩人に限らず、昭和戦前期に青春時代を過ごした人たちにとって、フランス映画というものは一種独特の思い入れの対象だった。その思い入れは戦争を経て戦後世代にまで伝わったようで、私たち昭和一桁生まれの者も、ルネ・クレールやマルセル・カルネ、あるいはシャルル・ボワイエ、ダニエル・ダリュウ、ルイ・ジューヴェ、フランソワーズ・ロゼエといった名前に親しみを感じ、『巴里の屋根の下』の主題歌を口ずさんでみたりもしていた。

〈狭い急勾配の階段の上の、小さな酒場。薄暗い片隅に「電蓄」があり、擦り切れかかった古いレコードを何度も何度もかける。『掻払《かつぱら》いの一夜』の主題歌「マドロスの唄」。L'amour ne serait pas venu, si l'on ne s'était pas connu !...... 〈出会いがなけりゃ恋も始まらなかったろうに〉。なんだ、当り前のことじゃないか、と私は思うが、中年、初老の男女の客たちは涎《よだれ》を流さんばかりに懐かしがって歌いつづける。こういう酒場、こういう人たちは、一九五〇年代の初め頃には確かに存在していた。当時の若者だった私は、上の世代のぐずぐずの回顧趣味にむしろ惘《あき》れていたのだが〉。

ジャン・ギャバン（一九〇四—一九七六）よりずっと若い映画俳優、セルジュ・レジアニも、一九二二年生まれというから、今はもう七十代の後半だ。同い年の「大スター」ジェラール・フィリップと比べれば、脇役を務めることの多い地味な俳優だったけれども、この人の特徴的な垂れ目やしゃくれた顎《あご》、いや、何よりも快活で的確な演技は、いつも私には魅力だった。初めてこの人を銀幕で見たのは、一九五〇年に日本で『情婦マノン』が封切られたときだったと思う。現代版『マノン・レスコー』の中で、レジアニはマノンの兄の闇商人の役を演じていた。戦後生まれの観客なら、一九六七年の『冒険者たち』を憶えているだろうか。あの映画で、レジアニは旧植民地の波止場ゴロを絶妙に演じていた。その後に観たカルネの『夜の門』（製作は一九四六年）では、この人は対独協力者だった。闇商人、波止場ゴロ、対独協力者……こういう役どころを演じるには、なまなかな「実力」ではとても間に合わないだろう。セルジュ・レジアニの実力の程は、何度かの「声の出演」でもはっきりと示されている（プレヴェールのアニメ映画『やぶにらみの暴君』や、ヨリス・イヴェンス監督の『セーヌの詩』でのプレヴェールの詩の朗読など）。更には、一九七四年に出た二枚組のレコード「ジャック・プレヴェールのパロール」では、この詩人の長い詩（一一〇〇行）を一挙に朗読しているのが、まことに圧巻だった。このレコードを初めて聴いたとき、私は感激のあまり、こんなふうに書いている。

「……レジアニの技術は完璧である。囁きから絶叫まで、清澄な声からだみ声まで、あらゆる段階の音量と音色を駆使……だがこれは単なる朗読術の成果というだけではない。ここには詩人プレヴェールにたいする俳優レジアニの同時代人としての全面的な共感がある。その人間的な熱気……」。

一九九五年に出た著書『日暮れ前の最終便』は、セルジュ・レジアニの書簡集というかたちで、序文代りの読者宛の短い手紙を冒頭に置き、全部で四十通の手紙が収められている。それらの宛名は、文学者ではプレヴェール、コクトー、サルトル、カミュ、ボリス・ヴィアン、俳優仲間ではシモーヌ・シニョレ、イヴ・モンタン、ミシェル・オークレール、リノ・ヴァンチュラ、ロミー・シュナイダー、ミシェル・ピッコリその他、画家ではピカソ、歌手ではピアフ、ジャック・ブレル、バルバラその他、あとは映画監督、プロデューサー、そして母親、妻、子供たちの一人一人、そしてまた、イタリア、猫のキャンキャン、パリ、アルコール、「金の鳩」（レストラン兼ホテル）、絵画、生と死……というような宛名もあり、掉尾《ちょうび》はセルジュ・レジアニ自身に宛てたセルジュ・レジアニの手紙だ。

この「自己宛」書簡から。

なんという一生だろう！　まるで狂人の生涯だ！　この男、五十年以上も俳優の仕事をつづけ、その間、二十五年の余はシャンソン歌手を兼ねていた。故国イタリアを出たのは子供の頃で、生涯を終えようとしている今、「イタリア人」というヒットソングを歌っている。結婚は二度、今は三人目の女性と仕合せに暮らしているが、結婚はしていない！……サルトルの戯曲の主役を務め、その芝居は四百二十回も上演された。……今度は手紙を集めた本を出すが、その手紙の宛先の多くはすでに死んだ人間か、さもなければ毎日のように顔を合せている相手ばかりだという。ほかには、飼い猫に宛てた手紙だとか、アルコールに宛てた手紙だとか……いや、どう見ても、この男、少しばかり狂っている……

親しい死者と生者に語りかける手紙は、受取人の姿をまざまざと浮かび上がらせ、同時に差出人の風貌を鮮やかに描き出す。この本は、友人知人に思いのたけを述べる書簡の集積というだけではなく、おのずからセルジュ・レジアニの一代記を形成してもいるのだ。手紙文のはしばしに見えるこの人の経歴を、年代順に繋ぎ合せてみよう。

生まれは北イタリアのレッジョ・エミーリアという町で、この町の西約三十キロのパルマは俳優仲間のリノ・ヴァンチュラの出身地だ。因《ちなみ》に、パルメザン・チーズは実はパルマではなく、このレッジョが主な生産地だという。セルジュ（イタリアではセルジョ）の両親はどちらも理髪師だった。貧困家庭に生まれた母親のレティツィアは七歳で子守に雇われ、十一歳で絹織物の工場に勤め、十五歳で理髪店に入り、同じ店にいたフェルッチョと結婚する。典型的なイタリア男フェルッチョは一日の仕事を終えると、新妻の拵《こしら》えた晩めしをたらふく食べ、それから町へ出て友人たちと二度目の晩めしをたらふく食べ、帰宅はいつも午前四時。眠りこけている妻を叩き起こしては、まぐわいをする。だから妻は性の喜びというものを一度も感じたことがなかった（と、のちに母親が息子に語ったそうな）。レティツィアはオペラが好きで、炊事や洗濯をしながら、アイーダやカルメンのアリア、グノーのアヴェマリアなどを歌った。この母親の影響で、セルジュもオペラには一家言をもつようになり、今でも、パヴァロッティは駄目、プラシド・ドミンゴのほうがずっといい、と断言したりする。

セルジュの生まれた一九二二年は、あのムッソリーニがクーデターによって政権を奪取した年だ。レッジョの町でも、ファシスト派と反ファシスト派がしばしば衝突するのを、セルジュ少年は目撃している。趣味はボクシングという血気盛んな父親フェルッチョが、二〇年代の終り頃、突然フランスへ単身出国したのも、どうやら政治がらみの事情があったらしい。一九三〇年秋、母親と一人息子は父親のあとを追ってフランスへ移住する。初めノルマンディの田舎町のホテルで専属の理髪師を務めていたフェルッチョは、やがて妻子を伴い、パリに出て、自分の理髪店を開業する。以後、セルジュは「イタリア移民の床屋の息子」としてパリで生長し、のちのちまで「リタル」（イタリア人の蔑称）と呼ばれることとなる。親友のミシェル・ヴィトルド（サルトルの『出口なし』の初演の舞台でガルサン役を演じた俳優、のちに映画監督）は、ロシア移民の子なので「リュスコフ」と呼ばれた。しかしセルジュもミシェルもそんなことは全然気にせず、「リタルとリュスコフの名コンビ」などと、これらの蔑称を逆に軽口のたねにしていたという。ちっぽけな「差別語」には、潑溂《はつらつ》たる青春を蝕《むしば》む力などありはしないのだ。

父親の影響で十代の半ばまで専《もっぱ》らボクシングに熱中し、まともな本は一冊も読んでいなかったセルジュだが、ある日、理髪店に現れたイタリア人政治亡命者に勧められて（「人間、教養がなくちゃ何事もうまくいかないもんだ」）ジャック・ロンドンの『マーティン・イーデン』を読み、突如、読書家に変貌する。ボクシング＋読書の答は、俳優と出た。少年はまず国立映画学校に入り、次に国立演劇学校へ移って、当時有名なシラノ役者だったアンドレ・ブリュノ先生に俳優術の基本を叩きこまれ、先生の『シラノ』の舞台に端役で出演する。以後、第二次世界大戦が終る頃まで、映画にも一、二本は出たが、主に演劇の世界で、有望な若手俳優として、セルジュ・レジアニは数多くの舞台を務めたのだった。

例えば、まだ十代のレジアニは、コクトー演出のラシーヌの『ブリタニキュス』で、ジャン・マレーと共演している。その初日、一幕三場で登場するブリタニキュス役のレジアニは、マレーと背丈を合せるために厚底の靴をはき、ローマ風の長い衣を身にまとっている。舞台奥から階段を下りて行って、アグリピーヌ役の女優に「おや、王子さま、そんなに急いで、どちらへ？」と迎えられる場面だ。レジアニは階段を下りて行き……厚底の靴で衣の裾を踏んで、みんごと転倒する。咄嗟《とっさ》に、若い俳優は考える。これは偶然の事故ではなく、あくまでも演出の一部であるかのように見せなければならない！　そこですぐには起き上がらず、暫時動かずにいる。と、ベテラン女優のアグリピーヌは即刻、レジアニの意図を察知し、「……そんなに急いで、どちらへ？」と、微妙な台詞回しでこの場を救ってくれる。幕が下りると、マレーが寄ってきて、「きみ、なかなか良かったぜ。今後は毎回、これでいこう！」。

同じ頃の別の舞台。コクトーの『恐るべき親たち』の公演は初日から何やら不穏な空気だ。何日目かに、最前列に坐っていた四、五人の悪相の男たちが、芝居の途中で突然、舞台に上がって来ようとする。レジアニはフットライトに駆け寄り、ボクシングで鍛えた腕と脚を存分に使って男たちに抵抗する。嫋《たお》やかな女優までが小道具の酒壜を襲撃者めがけて投げつける。まもなく防火用の鉄板が舞台と客席の間に下りてきて、騒ぎは収まったが、翌日、この芝居は上演禁止の憂き目にあう。これは、かのユゴーの『エルナニ』初演の際の騒ぎに匹敵する文学史的事件ではないか、とレジアニは言う。(ところが、コクトーによれば、名立たる『エルナニ』騒動は一種の「やらせ」だった。ユゴーは駆り集めた友人たちをロマン派と古典派に分けて客席に配置した。その「さくら」連中の野次のきっかけや、罵倒の台詞までも指定したユゴー直筆の「台本」が、コメディ・フランセーズの資料室に保存されているという)。

大戦後、映画に出演するようになってからも、芝居のエピソードはまだまだ続く。カミュの『正義の人びと』(一九四九)はロシア第一革命当時の「直接行動派」を描いた戯曲で、若いテロリストに扮したレジアニはアジトから爆弾を携えて、いざ暗殺へと出掛けて行く。その際、テロリストは部屋のイコンに向かって「十字を切る」のだが、このしぐさがレジアニには稽古の段階から悩みのたねだった。つまり、イタリアのカトリック信者の右、左、上、下の順序とは逆に、ロシア正教信者は左肩から十字を切り始めるのだ。本番の舞台でも、レジアニはこのしぐさがどうしてもうまくいかず、妙にぎごちない動きになってしまう。テロリストの中の紅一点、マリア・カザレスは、この場面になると、死にに行く同志を見送る悲痛な表情を全く崩さぬまま、「猫のような、赤ん坊のような声」だけでフフフッと笑う特技のもちぬしだった。普段この声は客席には届かないが、ある晩、何かの理由で上機嫌だったマリアの笑い声は少しばかりボリュームが増し、フットライトを越えてしまう。途端に客席から声がかかった、「笑うな！」。

四百二十回というロングランになったサルトルの『アルトナの幽閉者』（一九五九）で、レジアニは主役のフランツ・フォン・ゲルラッハを演じる。この大役は物理的・精神的に大変な負担で、レジアニの体重は公演終了までに八キロも減り、私服はぶかぶかになったという。ある日、楽屋に入ろうとして、ふと用事を思い出し、劇場の前の公衆電話の受話器を取り上げて……唖然、呆然。自宅の電話番号が出てこない！目を閉じ、脳味噌を振り絞るが、保険証の番号、銀行の口座番号、車のナンバーは思い出せても、自宅の電話番号だけはどうしても思い出せない。厖大《ぼうだい》な量の台詞を頭に入れたせいで、記憶の一部が弾き出されたのだろうか。やむなく旧友に電話する（その番号は覚えていた）。「もしもし、俺だよ、セルジュ・レジアニの電話番号を教えてくれないか」。友人は、これはレジアニのファンが番号を聞き出そうとしているのだと思い、なかなかレジアニ本人とは認めてくれない。その友人と遊びまわっていた頃の懐かしの「テーマソング」を口笛で吹いてみせて、ようやく相手は納得し、心配そうに忠告する。「お前、少し休養したほうがいいんじゃないか」。

戦後の五十年間に出演した映画の本数は七十四本。一九六六年以降はシャンソン歌手として二十五枚のレコードとCDを出し、オランピア劇場でリサイタルが催された。ここ何年かは絵に凝っていて、個展も開かれた。こういう多彩な活動に伴う多彩な交友関係がこの書簡集の読みどころではあるけれども、セルジュ・レジアニの場合、友人知人はただの友人知人以上のもの、ほとんどレジアニ本人の「存在理由」なのだという。生死にかかわりなく、それらの存在理由を見つめつづけ、愛しつづけること。これが、神や来世を信じない男、「墓に花束を供えることが大嫌い」で、「昔お世話になった」コクトーの墓の在《あ》り処《か》さえ知らないレジアニの、信仰にも似た信念であるかのように見える。

「存在理由」たちの中には、例えば、「だれにでも、どんなに醜い人にでも、『あなたは美しい』と言ってのける狂気のもちぬし」プレヴェール、泳ぎが同じ程度に下手なレジアニと南仏の海の浅い所で爪先立って波のまにまに世間話を楽しんだピカソ、やぶにらみの目と丸い顔から「何かしら子供っぽい雰囲気を発散していた」「ピカソに勝るとも劣らぬ精力絶倫男」サルトル、そのサルトルの対立者のように見られていたがレジアニには同じような「心の寛い人」としか見えなかったカミュ、いつも「オーディトリウム」（スタジオ）のことを「トリウム」と言ってみんなに笑われていたエディット・ピアフ、「すべてを見よう識ろうという貪欲なまなざしの人」ミシェル・ピッコリ、南仏サン・ポール・ド・ヴァンスのレストラン「金の鳩」で厨房から料理人を追い出し自己流の北イタリア料理を友人たちに大盤振舞いした同郷人リノ・ヴァンチュラ……等々の有名人も数多いが、さほど有名ではない友人たち、その一例を挙げるなら親友の映画監督、ロジェ・ピゴーに宛てた手紙に、レジアニの真情はむしろくっきりと顕れている。

ピゴーとレジアニはまだ十代の頃、映画学校で知り合い、初めて中古車を手に入れたときは、なぜか一つの緑色の帽子を二人で交互にかぶって（「かたちから入る」若者たち！）車を乗り回した仲だった。芸術論議と恋に明け暮れた青春の日々。ピゴーの恋人はドイツ国籍の女優で、ユダヤ人だったから、ドイツ占領時代はピゴーとレジアニに匿《かくま》われていた。だが、二人の青年に遠慮したのだろうか、女性は非占領地区への脱出を試み、行方不明になる。ピゴーは連合軍に加わって、解放された収容所を次々と探し歩くが、どうしても恋人は見つからない。遂に女性の死亡が確認されたとき、ピゴーは手頸《てくび》を切り、友人の発見が早かったので一命をとりとめる。戦後、幾度かの恋愛を経て、ピゴーは通称フーフー（！）という女性と結婚するけれども、このひとは癌《がん》で死んだ。次に付き合った女性、ジョエルは、肉体的に男を誘惑できない時が来たら私は自殺すると、かねがね公言していて、四十六歳の年に「公約」を実行する。孤独な映画監督は男の子を養子に迎え、長じてカナダへ行ったその息子は、数年後に妻子を連れてパリへ帰って来る。こうして息子夫婦と孫たちに囲まれた平穏なひとときののち、ピゴーはレジアニを残して一足先に旅立つ。

ぼくは自分の唄で「ともだちは絶対に死なない」などと歌ったが、あれは大嘘だ。友もまた死ぬ。但し、友情は死なない。きみの声、きみの顔、きみのことは何一つ忘れていないよ。あの世をぼくは信じちゃいないが、もしもそこで再会できるとしたら、二人でまたあの緑色の帽子をかぶろうじゃないか。あの帽子さえあれば、永遠の世界はぼくらのものだ。

こんなふうに、親しい友を見守りつづけ愛しつづけることが、すなわち「時代を生きる」あるいは単に「生きる」ことに他ならない、というレジアニの考えはたいそう筋が通っているのではないだろうか。

自殺といえば、この世紀中、レジアニの周辺でも自殺者の数は決して少なくなかった。例えば、ピカソの死後十三年目に、パリの国立ピカソ美術館の開館を見届けて、まっすぐ南仏に帰り、予定の行動のように七・六五口径の拳銃で自らの命を断った未亡人ジャクリーヌ。いや、それよりも、レジアニ自身の長男ステファンは絵が好きで美術学校に学んだが、やがて自力でレコード会社との契約にまで漕ぎつけ、その後、ボビノ座で父親とデュオ・リサイタルを開くほどの歌手になる。しかし次にオランピア劇場でライザ・ミネリの前座を務めたとき、客席はがらんどうで、いたく失望したステファンは三十五年の生涯を自ら締め括る。父親の控えめな嘆きの声。

「今どこにいるのか知らないが、わかっておくれ、お前の自殺はだれの、何の役にも立たなかったよ。お前自身にも無意味だった」。

にもかかわらず、もしも生まれ変るとしたら、どんな人生が望ましいか、と問われて、セルジュ・レジアニはこれと同じ人生と答える。一九二二年に始まって間もなく終るかもしれない、この生涯には、不幸や悲惨、とんでもない過《あやま》ちもあったが、そういうものも全部ひっくるめて、この人生を寸分違わず繰り返したいという。

プレヴェール脚色の映画『ノートルダムの傴僂男《せむしおとこ》』で、拷問され、殺されかけ、傴僂男カジモドに救われた舞姫エスメラルダは、結局、戦乱の中で流れ矢に当って死ぬとき、「人生って美しい！」と呟く。セルジュ・レジアニはこのエスメラルダの同類なのだろうか。

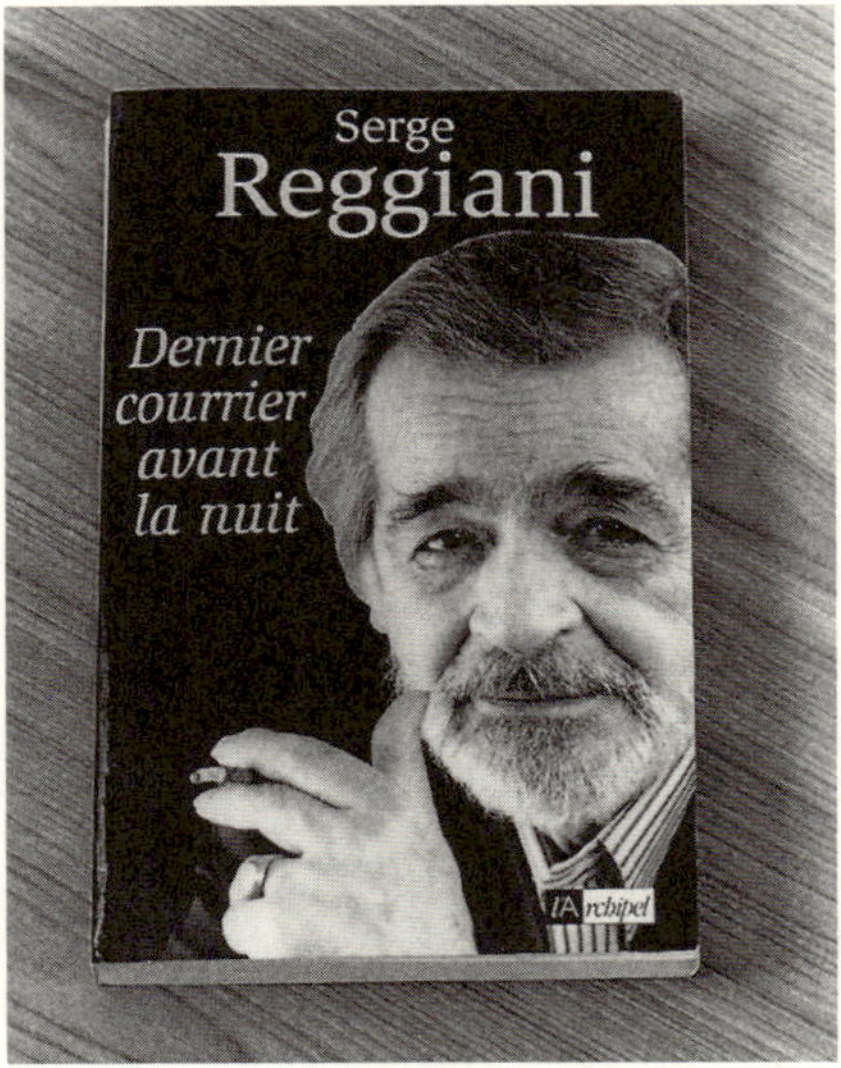

雑談

あるインタビューから

本を読んでいて腹立たしく思うこと？　誤植。何はさておき、誤植が腹立たしい。案外多いでしょう。しかも、何でこんな所が、というような場所にあったりして。これはゆっくり丁寧に作ってないことの証拠ですよね。粗悪品をつかまされたという感じで腹立たしい。

ほんとにひどいのにぶつかったことがありますよ。恐らくフロッピーから起こして、それを校正して動かしているうちに変になっちゃったらしくて、パラグラフが途中で飛んだり、文章の途中で突然下が空白になって、行変えでもないのに続きが上から始まっていたり。そういう所が何カ所もあるんだ。たまげちゃいますね。よくこんなものに値段をつけて売ってるね、って。

しかも滑稽なことに……その本は文庫本なんですよ……奥付のあたりに、この文庫の方針として旧仮名はこういうふうに処理するとか、旧字はこうするとか、いろいろ能書きが書いてある。いかにも丁寧に作っておりますというようにね。あきれたもんだ（笑）。

内容的には？　ぼくは、基本的には、面白くない本はないという考えなんですね。あらゆる本は面白い、と。ただ特定の目的に役立つ本と役立たない本はあるでしょうけど、本それ自体としてはみんな面白いんじゃないんですか。そうでなければ、古本屋でばらばらになりかけている昔の雑誌とか、昔の本、そういうものを漁《あさ》る人だっているわけで、そういう人の気持がわからないことになります。あらゆる本に価値がないとね。

装丁？　本屋の棚ではたいてい縦に立てて並べられているから、本の「背」というのは重要な部分なんじゃないでしょうか。平らにしてみると表紙は非常にきれいなんだけれども、背だけだと貧相な感じだとか。逆に、表紙はもう何の変哲もないんだけど、背がひどく面白そうに見えるとか。女性の肉体みたいなもんなんだな（笑）。表から見るか、背中から見るか（笑）。

タイトルのつけ方？　一番よくないのは羊頭《ようとう》を掲げて狗肉《くにく》を売ることですね。あなた方の場合も全然ないとは言えないんじゃないんですか（笑）。とっつきやすいタイトルにとっついて読む人は多いですね。でも、そうじゃない人もかなり多い。ほんのちょっとした誇張も許さないというような、やかましい人ね。うるさい人。しかし、読者の想像力を全く考慮に入れないというか、味もそっけもない大学の紀要みたいなタイトルじゃ、どうしようもない。まあ、ほのかな色気があってもいいということでしょうか。

昔と比べて今の書き手の水準が下がっていると感じるかって？　さあ（笑）。そんなことはないんじゃない？　ぼくは今が昔より優れているとは思わないし、昔より劣っているとも思わない。似たようなもんだと思う。やっぱり大多数の本というのは、まあどうでもいいような本ですよね。どうでもよくない本が少数あって、そういう本の書き手は一所懸命やっている。どうでもいい本の書き手も一所懸命やっているけれども、悲しいかな、能力が伴わない（笑）。こういう状況はおんなじなんじゃないんですか。

昔は優れた文章家がいた？　いや、もちろんいたでしょうが、最近日本語が駄目になったとか、そういう意見には賛同できないな。昭和戦前期の小説というのを少し読んでごらんなさいよ。ちゃんとした文章のほうがむしろ少ないですよ。例えばプロレタリア文学の文章なんてひどいもんですからね。プロレタリア文学でなくても、例えば、川端康成の『浅草紅団』という有名な作品があるでしょう。あれは今とても読めませんよ。まあ読んでごらんなさい。

もちろん作家は絶えず努力はしています。だから『雪国』とか……『雪国』だってそれほどいい文章だとは思わないけれども、『浅草紅団』よりはずっとよくなっている。だけどいわゆる新感覚派ふうの作品となると、もう何書いてんだかわからないところが随所にありますよ。

横光利一の場合は、ちゃんとしたいいものだなと思うのは『機械』とか、あの辺の一連の短編ですね。長篇を書くようになったら、長篇の最初の一、二冊というのはやっぱり読めないですよ。上海のこととか、株屋の話とか、一所懸命書いているんだけれども、面白くないことおびただしい。文章が悪いから。それから『旅愁』だって、文学史に残る作品ということになってますが、文章は部分的には悪いですよ。ちょっと読めないようなところがある。亡くなる少し前、田舎に疎開したときのことを書いている作品、これはとてもいい文章。途中のいわゆる意欲的な長篇というのがひどいです。

翻訳の例でいうと、大正末期に出た堀口大學訳のポール・モーランの『夜ひらく』

『夜とざす』という有名な二部作がある。あれをいい文章だと言う人がいたらお目にかかりたい。もう悪文の最たるものですよ。その後、イヴァン・ゴルという独仏バイリンガルの詩人の詩集で『馬来乙女の歌』というのがあって、これはとてもいい翻訳。だから堀口大學もやはり努力の人なんですね。

でも一般に、昭和戦前期の文章は荒れていると思う。口語がまだちゃんと文章語に定着していないという印象すら受けますね。

最近の若い書き手の文章力は昔の日本人のそれと比べて落ちてきているのではないかって？　だからさ、昔も悪いものはいっぱいあったんだってば。いいものはむしろ少ないんですよ。悪貨は良貨を駆逐する（笑）。悪貨が常にはびこっているわけです。これは日本に限ったことじゃないけれども。

今の若い人は活字離れがはなはだしく、ちゃんとした日本語が書けない？　そう、日本語を知らない若者はずいぶん多いですね。だけど若者の数が増えているから、昔と比べるとひどく目立つけれども、昔もやっぱりいたんですよ、日本語をうまく操れない日本人というのが。言葉の世界というのはおおむねそんなようなものなんじゃないんですか。いくつかの基準を——例えば「てにをは」がちゃんとしている、文法的に間違いがない、的確な言葉を用いている、というような基準を立てて、その基準に沿って書く人はもちろんいたし、そういうことをあまり問題にしない多数がいた。しかし、そういう基準に沿って書いていって、その結果が面白いかどうかはまた別の問題でね。さっき言ったように読めないものがたくさんありますけど、悪文でも面白いものが全くないわけじゃない。

じゃ悲観すべきことではないのかって？　悲観といえば、いわゆる心ある人の悲観はずっと前から始まっていますね。日本語の先行きを考えると、どうしても楽観的にはなれないという意見が、だいぶ以前から現れています。今現在の英語の影響たるや、すさまじいものでしょう。唄の歌詞は怪しげな英語まじりだし、輸入映画の題名なんかほとんど翻訳せずに、英語をカタカナに直すだけだし。そういうことに何の疑問も感じていない若者が大多数ですからね。

どんな言語だって永遠不滅じゃない。日本語も、英語も、アメリカ語も、フランス語も、ロシア語も、中国語も、この世紀の間に、あるいは戦後五十年の間にずいぶん変りました。そういう状況の中で、英語を排除して純粋なフランス語を使うべしと叫ぶフランス人とか、英語のカタカナ言葉の浸透を嘆く日本人とか、そういうたぐいの言論はずうっとありました。でも、日本語は滅びるときは滅びるでしょう。英語に吸収されるか、中国語に呑み込まれるか知りませんけどね。詩人の金子光晴が、まあ日本語で何を書いたって日本語が滅びるまでのことだから、てなことを言いましたっけ。戦後まだ十年も経っていない頃、言いましたよ、そういうことを。

ヨーロッパでせっかく共通の通貨を作ったのなら、昔のエスペランチストみたいな考え方でエスペラント風のヨーロッパ語というのを作って、みんなそれを喋ったらいい。言語純粋主義者は怒るでしょうね。フランス文学の伝統はどうするんだ、ドイツ文学の伝統はどうなるんだ、なんて言い出すにきまっている。そんなものは、金子光晴じゃないが、それほど永くもつものでもないんですよね。どうしても残したいものは共通語に翻訳して残しときゃいいんだ（笑）。もしEUに対抗して環太平洋経済圏が出来て、共通の通貨が生まれたりしたら、そこでもまた、言語面での混淆《こんこう》ということが当然、今以上に強まるでしょうね。

本を選ぶとき書評を参考にするか？　しません。まず、しない（笑）。立派な書評というものには、なかなかお目にかかることがありません。書評というのはいずれもスペースが小さいでしょう。一冊の本を一年も二年もかけて、がりがり書いた……今はワープロでことこと打った人の努力が、ほんの二枚や三枚で評価されちゃ、かなわないよね。小さなスペースの中でなんとか内容を伝え、評価も伝え、批評者の感想も伝え、というような芸当じみたことを書評にやらせているわけですからね。そんなもの参考になるわけないですよ。たいていの場合、書評家は芸当に失敗して、ほとんどの書評文は「やりそこない」「できそこない」の残骸みたいなものになってしまう。できそこないを集めて本にする人もいますね。ぼくもそれをやりましたが（笑）。新聞の書評欄？　書評欄を設けておかないとやっぱりまずいだろう、という程度のことでやっているんでしょうね。本選びの目安にしている人もいるかもしれないが、ぼく個人は全く目安にしません（笑）。

じゃ、どうやって本を選ぶかって？　そう、本屋に行って、わりと長いこと立ち読みをしますね。

著者の名前で買うこと？　あります、あります。泡坂妻夫なら全部買う（笑）。とにかく、書評はその本に見合う長さじゃないとね。だって八百ページもある本を五枚で書評して下さいと言われたら、それはどうしたって、その本についての寸感といったものにしかならないでしょう。百ページそこそこの本なら三枚でも書評できるかもしれませんが。べつに分量に比例させる必要はないんだけれども。書評家にしてみれば、短い原稿からは僅《わず》かな原稿料しか入ってこないから、そんな報われない仕事を長年やっていれば、うんざりするにきまっている。本を読むには時間がかかるしね。読まないで書評する人もいるけど（笑）。

それなら書評はもっと長くするべき？　いや、芸当の上手な人もいるんですよね。ほんとに短く、要領のいい紹介をして、なおかつ批評的な文章を書ける人もいるわけだけど、それはなかなか大変なことで、もう少し分量があれば書評という名の芸当がやりやすくなるだろうということです。

あなた方の出版活動について、忌憚《きたん》のない意見を述べよ？　問題だね、これは（笑）。ああ、そうですか、創業からちょうど三十年経ちましたか。スハルトの治世とおんなじだ（笑）。辞任要求は出ないんですか（笑）。これは冗談。三十年前というと六〇年代末の学生反乱の時期ですね。あの頃の騒ぎにはいろんな要素があったけれども、あれは知的レベルでの反乱だったという印象が強いんだね。もちろん党派的な争いとか、党派的殺し合いにまでなったこともあったわけだけれども、敗戦直後の「米よこせ」デモや「飢餓突破人民大会」とは全然違って、政治的というよりは知的な改革要求というか、そういう傾きがかなり強かった。あなた方の出版活動は、例えば反アカデミズムとか、広範な知的好奇心とかいう点で、そのような一般的傾向にマッチしたのかもしれない。でも、それから三十年経ってしまって、現在の読者はもはや三十年前の知的反乱の当事者だけではないですよね。全く別の種族が出現している。となると、これは多かれ少なかれ出版社の宿命だと思うんですけれども、出版活動は意識的にか無意識的にかそういう現在の種族に沿うかたちになるでしょう。さっき出たタイトルのつけ方にしても、あなた方の側でやはり読者になんとなく合せているんだと思うんですね。そういうことの是非について、ぼくはごく一般的なことしか言えませんけれども、問題は、もし経済的な理由から本をたくさん売らなければならない場合、読者に合せるという傾向が不可避だということ。だとすれば、六〇年代末の知的反乱のレベルからいうと、出版活動の全般的水準が多少低下するのはやむを得ないのではないかな。やむを得ないけれども残念だなという感じはありますね。

今、妙なことを思い出した。つい最近、何かで読んだんですけど、MGMというアメリカの映画会社があるでしょう。メトロ・ゴールドウィン・メイヤー。あれはメイヤーというおっちゃんが最初にメトロ社を合併し、次にはゴールドウィン社を吸収し、それでメトロ・ゴールドウィン・メイヤーになったわけですね。そのメイヤー御大の名台詞があるんです。「芸術というやつは古来民衆の敵であった。だからこれを映画の王国に入れてはならない。入れないことは私の義務である」。ぼくはびっくりして、イヤーすげえ、おもしれえなあと思った。何が面白いかというと、もちろん「芸術は古来民衆の敵であった」というところね。これはすごいと思う。まあ言ってることは簡単なことで、映画は娯楽だから芸術の入りこむ余地はない、と。金をかけて変に高級なものを作るよりは、娯楽作品を大いに作らなきゃ駄目だと、そう言ってるだけなんだけれど、「古来、芸術は民衆の敵」、これはいいなあと思ってね。この言葉でほとんどすべてが言い尽くされるのではないかと、ホトホト感じ入ってしまった。

つまり、六〇年代末の知的反乱にひっかけて言うなら、あの反乱者たちの傾向というか風潮は——なにがしかの影響を受けたぼく自身の傾向をも含めて——ああいう傾向はひょっとしたら「民衆の敵」、民衆とは異質のものなんじゃないかと思うんですよ。MGMの社長がこの台詞を吐いたのは恐らくずいぶん昔のこと、二〇年代か三〇年代のことでしょう。でもそれは脈々と伝わってきて、日本ではますます——アメリカでも、他の国でも——一般に浸透し、今やほとんどの人がメイヤー状態だと思うんです。だから、そうか、しち面倒な芸術とか、小むずかしい理論とか、立派な書評とか、そういうものは「民衆の敵」なんだと思ってみれば、ここで何かがすっきりしませんか(笑)。現在の出版人たちも、やはりMGMの社長の後塵《こうじん》を拝するようなところが、なきにしもあらずでね。

さっきのタイトルのつけ方がどうのこうの、あれだって裏にあるものは、やっぱり民衆の敵にはなりたくねえという気持……(笑)。商売というものは全部そうですからね。大規模小売店にしたって、小規模小売店にしたって、民衆を敵に回したらお終いですから。ものを書く人たちだって、民衆に合せることしかやらない人が多いでしょう。雑文書きから「純文学」作者に至るまで、みんなもう民衆の敵になりたくない一心で書いている。売らなきゃ売らなきゃ、という強迫観念に駆られてね。それでいくらかでも余計に売れれば生活は楽になるし、長者番付に入ることさえあるかもしれない。

それはそれで結構なことなんでしょうね、商売繁昌はね。ところが、出版は「文化事業」であるなどと言ったり思ったりしている人が昔も今もいるのには、驚いてしまう。「文化」と「事業」という、お互いにかなり距離の遠い言葉をむりやりくっつけて、よく平然としていられるもんだ。実情は、「文化」と「事業」の間で綱渡りのように危ういバランスを保っているか、でなきゃ単に内的分裂を起こしているか、どちらかでしょう。どちらも精神衛生には最悪の状態。

下らない本と下らなくない本の境界線？　さっき言ったように、古本屋の片隅でぼろぼろになっている雑誌とか、欠けた本とかを、何らかの必要物として集める人、買う人がいるわけです。その場合、本は一種の文化財でしょう。出た当時は下らないと思っても、何十年か経つと文化財になるかもしれない。逆に、出たときは非常に文化的なすばらしいものだと言っても、何十年か経てば屑《くず》になるかもしれない。それはもうほんとに判断のむずかしいところで、だれにでも通用するわかりやすい判断というのは、それこそ民衆の側で勝手に、一時的につくるわけで……（笑）。本当は判断できないことなのかもしれませんね。

いつだったか、むかしむかし、目に一丁字《いっていじ》ない女性が芸者屋だったか女郎屋だったかに売られていって、そこからたった一言「つろおま」という手紙をようやく書いたっていうんだね。「つらいです」と書いた。たった四文字だけれども感動的でしょう。もしその四文字の手紙が今ここにあるとして、これは文化財か否かと問われたら、もう間違いなく文化財だと言えるわけで、この場合、文化財か否かの線引きはむずかしいし、ほとんど無意味ですね。劣情を催させるものが猥褻《わいせつ》であるというたぐいの、苦しまぎれの定義のようなものを文化に関してもデッチあげて、その定義にどの程度あてはまるかによって本をランクづけるようなことを、もしやったとしたら、これはもう無意味の極致じゃありませんか。

え？　八百二十冊？　三十年間でそんなに出版したんですか。すごいなあ。その中で、いい本は何割くらいだと思うかって？　すべての本は面白いとしても、主観的に「いい本」というのがあるとして、それはまあ、十冊に一冊あるかないか……百冊に一冊というとちょっとあんまりだから、五十冊に一冊くらいとしておきましょうか。

もちろん、これは何の客観的根拠もない数字だし、あなた方の所だけの話でもない。どうも、出版の実務に携わっている人を励ます話にはなりませんで、申し訳ありません（笑）。

いい本だなと思う瞬間？　やはり、読んでいて、一瞬、その著者に文章を通して触れたような感じがするときですね。著者の肌に触れたというか、瞬間、握手でもしたような感じね。それはどこで起こるかわからないし、人によって感じ方は異なるでしょうが、とにかく、いわば本を飛び越えて著者にじかに接触するときですね。

それは文章の良し悪しと関係があるか？　そうそう、名文を読んで著者の肌に触れたような気になるかもしれないし、かえって遠ざけられたような気持になることもあるわけでしょう。悪文を読んだ瞬間に、突然向こうと抱き合ったような感じになるかもしれないし（笑）。

芸？　いや、芸というのは一応安定していて、お座敷がかかればいつでも提供できますよ、というものでしょう。本の中の芸はもっとダイナミックで、不安定で、分類を拒むというか、一概に言えないものです。「芸」というのは便利な言い方だけれども、これは芸ではないんだな。やっぱり、言葉を操った著者の労働に対して何か感激興奮する瞬間ですね。人が働いているのを目の前に見ていて、なんだか同じような作業の繰り返しだなあと、何の感銘も受けないことがあるじゃないですか。でも見ているうちに、ある瞬間、こちらがウワッと感激するような姿勢なり行為なりが突然出現したりもする。言葉から受ける感銘というのはそれに近いんじゃないでしょうかね。

そうね、やはり文章を読むということは目の前で人が働いているのを見るようなものかもしれないね。今そう思った。自分で言ってしまってから（笑）。

怠けている書き手に腹が立つかって？　それは、だからさ、適当にやって遊んでるなという感じで（笑）……目の前の労働を見ていれば、わかるでしょう、ろくろく働いていないやつのことは。

書きなぐり？　いや、書きなぐりは書きなぐりで面白い場合もあります。

毒蛇の袋

あまりよく覚えていないんですが、一昨年のこの集まり（「北村太郎の会」）で世話人の方に、北村さんについてなら話すことがいっぱいあると、したり顔で言ったようなんです。今回何か喋ってくれと依頼されたとき、私はしまったと思いました。それは人前で話すのを引き受けたことをしまったと思っただけではなくて、酒を飲んでしゃべり散らしたあげく、こういう会に出る羽目に陥ったというのが、自分の原則に反する失策だったからです。

ずっと以前、私は徳田秋声に夢中で、彼の小説ばかり読んでいた時期がありました。その頃、ある友人をつかまえて、秋声の話をしたことがあった。秋声は『あらくれ』より『足迹《そくせき》』のほうが面白いとか、昭和に入ってからのいわゆる「順子もの」、山田順子を主人公にした作品群はちっとも面白くないとか、そんな話を多分したんだと思います。それを聞いていた友人は、「岩田さん、いいとこに目をつけたね」と言う。秋声は今はだれも読んでいないから、秋声論を書くチャンスだと言うんです。私はびっくりしました。徳田秋声は好きだけれども、秋声論を書きたいとは一言も言った覚えはないんですね。ところがその友人は、私が論を当然書くだろうと思い、今がそのチャンスだとすら教えてくれたんです。私は実にぼんやりでした。もっと聡明だったならば、これから話すようなことは自分にとって何の問題にもならず、とっくに解決できていたことなんです。

つまり、ある芸術家や作家に感動し夢中になった場合、そのことをどのように表明するかという問題です。作家論を書くこともその表明の一つでしょう。あるいは非常に素朴なかたちとしては、これはいいよと逢う人ごとに訴えるという手段もあると思います。

突然妙な話になりますが、むかし榎本健一、通称エノケンという喜劇役者がいました。作家の小林信彦が後に書いていますが、あるとき何人かでエノケンの家に話を聞きに行った。晩年に片足を失っていたエノケンはたいそう喜んで、自分の過去の舞台や映画の話を始める。ところが、その話し方は、映画なら映画の初めから終りまでのすべてのシーンを台詞と仕方話で再現するというやり方なんですね。聞いているほうは最初こそ面白いわけですが、次第にトイレに行きたくなるのを我慢し始めます。夜遅くまで話に引き止められて、ようやく外に出てから一斉にみんなで立小便をしたという話を書いてました（笑）。エノケンは自分の出演作品に距離を置くということが全くできなかったわけですね。

私も昔、草野心平の蛙の詩に初めて出会ったときは、親兄弟や友人をつかまえて蛙の詩を朗読して、うるさがられたり、時には少し面白がられたりしました。これは親身になって作品に接してはいるんですが、作品の客観的な姿はほとんど見えていない状態ですね。これもまた批評の一種だと思います。そんな批評が活字になっている場合はごく少ないと思いますが、例えばレールモントフの『現代の英雄』という小説を論じたベリンスキーの批評は、驚いたことには全体の九十パーセントが引用なんです。ただもう夢中になって引用し、称賛しているんですね。

それと対照的に、いわゆる文芸評論は、作品と批評家との距離が十分に取れていて、自在な視点から作品を見るのが理想的な批評だとされています。例えば小林秀雄は『様々なる意匠』という文章の中で、批評家と作品がどのように出会うのが理想かということを書いています。批評家が作品をじっと見る、すると作品のほうが宿命の歌を歌い始め、それが批評家の情熱に触れ、情熱が語り出す、と面白いことを言っています。その評言を読んで私が思い浮かべたのは相撲の立ち合いです。「見合って見合って」と言うでしょう。更に、相撲では「胸を借りる」と言うでしょう。本番ではなく稽古だという意味をこめて。

最近、あるドストエフスキー研究家が宮沢賢治の『オツベルと象』の論を書いたという記事を見ました。『オツベルと象』は二十枚足らずの作品ですが、その人が書いた評論は千三百枚だそうです。この計算でいきますと、『カラマーゾフの兄弟』の論をその人が書けば、なんと、二十万枚近くになるわけです。こうなると、相撲の譬《たと》えで言えば、ほとんど「独り相撲」ですね（笑）。

小林秀雄は更に、世の大方の批評家は作品が発する歌を待っていられないで書いてしまう、と言っています。言い得て妙で、今でも毎月数多くの詩や小説が書かれますが、優れた作品は数少ない。でも批評の場合は、いいものは更に数少ない。つまり、今の世の中に出回っている大抵の批評は、一言でいえば「科学的」なんですね。作品を分析したり、分類したり、整理したりしているうちに何かがまとまれば、それでよしとしてしまう。ぜんぜん作品の歌を聞く姿勢もなければ、まして自分の情熱が語り出すのを待つ余裕もない。「科学的」に論じることによって、作品をハンディなものにし、矮小化《わいしょうか》していると思います。

どうしてこんなに長い前置きをしたかと言いますと、一昨年に北村さんのことをしたり顔で話したとき、私は北村さんの詩を「科学的」に判断し、頭の中でハンディなものにしていたに違いない。そのことだけは記憶しているんです。その瞬間の私は全く愚かで、そういうことをやってしまった。そのことが実に悔しいんですね。

批評そのものに価値がないと言いたいわけではありません。それにしても、北村太郎さんの詩に感動したのなら、北村さんの詩に触発された自分の作品を書くということしか私には残されていないと思います。触発されて盗作したり剽窃《ひょうせつ》したりしてしまうことも、世の中にはままあることですが。

もし北村太郎さんについての論を書くとすれば、どんな方法で書いたらいいだろうか。私事ですが、私は七人きょうだいの末っ子です。上には兄三人、姉三人がいましたが、もうみな死んでしまいました。そこでその兄や姉を物差しのように使えないかと考えます。長年のつきあいなので、彼らを物差し代りに使うと、よくわかることが非常に多くある。例えば北村さんは一九二二年生まれですから、私の二番目の兄貴と三番目の兄貴のちょうど中間くらいの年代です。こう見ると、とても具合がいい。北村さんがよくわかるんです。この方法の欠陥は私より若い人間には適用できないということです（笑）。

この方法で北村さんの傾向や生活感情はよくわかります。しかし煎じ詰めれば、この方法は四柱推命や星座占いと同じになるかもしれません。同じ時期に生まれたからといって、性格や考え方が同じとはいえない。しかし、例えば北村さんが詩を書き始めた一九三〇年代の作品のそばに、同じ時期の鮎川信夫さんや中桐雅夫さんの書いた詩を置くと、これが恐ろしく似ているんですね。バロック音楽と同様で、ぼんやり聞いていると誰の作品かわかりません。更にそれより少し前の北園克衛の作品、春山行夫の詩を置いても同列に見えてしまう。それくらい同時代というものは恐ろしいと思いますし、あるいは、北園や春山の影響というのは当時とても強かったと考えることもできると思います。限界はあっても、世代や時代というものを物差しにするのはそんなに無意味なことではないと考えます。

ここでようやく北村さんの話が出てきました。私はまともに北村論を展開するつもりは全くなくて、あくまでもチラッと語るだけ、チラリズムで勘弁願いたいと思いながら、今日ここへ来たんですが。

ある日、上野公園を歩いていたら、吉本隆明に顔がそっくりのテキ屋が「乙女肌」という白い塗り薬の「街頭販売」をやっていました。ガマの油売りのように自分を傷つけて薬を塗ってみせるのかと思えば、そうではなく、汚い麻袋の中に猛毒の蛇がいると言いながら、遠巻きにしている見物人にチラリと袋の口を見せるんです。口上はむしろ訥弁《とつべん》で、なんとか話で間を持たせながら、ときどきアクセントをつけるように袋の口をさっと開けては、すぐ閉じるんです。

私は大道商売が好きで、こういうのを街で見かけるといつも立ち止まってしまいます。みなさんは浅草でパンティの叩き売りなんか見たことありますか。パンティを片方の足で踏んづけて、両手でぐうっと一メートルくらい引き伸ばしましてね、「どうだ、これなら、どんなでかいケツでも入るだろう!」だなんて(笑)。

バナナの叩き売りでも、最初にどーんと値を下げて、客が一人も声をかけないと、「あぁ、静かだなあ、虫の声が聞こえるなあ」。冬のさなかに浅草の町で、虫の声が聞こえるわけはないのに。

以前、メキシコでは、玉葱《たまねぎ》と包丁一本を前に置いて口上を述べている香具師《やし》も見ました。どんどん話が脱線していきます(笑)。セニョールは昼間働いて疲れているから、夜は食事をするとすぐ眠くなる。するとセニョーラが「私この頃、体が火照《ほて》って眠れないのよ」とかなんとか言う。「それは大変だ、すぐ医者に診てもらいなさい」「そうじゃないのよ、わかるでしょう」というセニョーラを尻目に、セニョールはさっさと寝てしまい、ひとり残されたセニョーラは悶々とする。というような情景を一人芝居のようにやってみせるんです。そして前に置いてあった玉葱をいきなりすぱっと切って、これを御覧なさい、この断面にじわっと滲《にじ》み出た玉葱の汗、これがセニョールを精力絶倫にする。でも毎日玉葱料理ばかりじゃ飽きてしまう。そこで白い錠剤の小瓶を取り出し、玉葱の滋養が凝り固まったこの錠剤、これさえありゃ亭主は毎晩元気、女房も不倫に走ることはない。メキシコ国立大学薬学科何のなにがし教授の御推薦を頂いたこの薬、デパートや薬局で買えば十ペソだが、本日は宣伝販売期間中なので、たったの三ペソ……ええと、何の話でしたっけ（笑）。そうだ、上野公園の吉本隆明氏の話でしたね。

ここでまた北村さんに戻りますが、北村さんは何かというと自分のことを怠け者だと言っています。一つの性癖を殊更《ことさら》に強調して繰り返す人は、たいていその逆なんですね。自分は怠け者で、怠けるというのは生の核心に触れるのを避けることだと、北村さんはさかんに言いましたが、実情はまさにその逆で、彼は勤勉の典型のような人でした。若くして結婚され、戦後、妻子を抱えての働きぶりは勤勉以外の何ものでもない。宮田昇さんが作った翻訳のリストを見ても、晩年にあれだけの翻訳をこなした人は珍しいと思います。

もちろん「勤勉」の意味はそれだけではなくて、彼の詩やエッセイの特質は森羅万象に対してたいそう積極的だということなんですね。鮎川信夫さんが北村さんを感情の領域が広い人間と評していますが、それだって勤勉の成果だと思います。あるいは感情の領域が広い人間だからこそ勤勉だったのか。要するに、北村さんの生き方そのものが勤勉さとその逆説的な表現で成り立っていたという印象です。

てなことをチラリと言って、また上野公園の吉本隆明氏に戻りますと、私はそこで一時間半くらい立って見ていました。彼は結局、最後まで蛇を出しませんでした。営業が終ったあと、私は彼について行きたくなったのを覚えています。どんな宿で寝泊まりしているんだろう。妻子はいるんだろうか。晩にはどんな食事をするんだろう。雨に祟《たた》られたときは何をしているのか。そして何よりもまず、あの袋の中身は何だったのか。今でもその香具師のことを、懐かしいというか、不気味というか、不思議な感じで時折思い出します。そこではたと気づいたのですが、北村さんの風貌や作品に、私はいつも懐かしいような不気味なような印象を持っていたんです。北村太郎という存在は上野公園の吉本隆明氏によく似ていたのではないか（笑）。

それはどういうことでしょう。亡くなったから懐かしいのではなく、生きている間も懐かしい人でした。ちょっと不気味な感じは彼の人間の質そのものに根ざしていた何かだったと思います。そして「生の核心に触れない怠け者」という言葉は、生きていくための小道具あるいは擬態だったように思います。

私たちは、そういう人柄や作品に触れたとき、一体どういうふうに対応したらいいのでしょう。あのテキ屋と毒蛇が入っていたかもしれない袋のように、本当ならば北村太郎という人間と北村太郎の詩作品は切り離せないものです。しかし、悲しいかな、北村さんを知る人間もまた歳を取り、死んでいきます。もう五十年もしたら、北村さんを覚えている人はみんな死んでいるでしょう。でも作品は残ります。作品の字づらだけにこだわるのではなく、作品と作者を切り離せないものとして考えること、作品をハンディなものに矮小化するのは絶対に避けること。この課題を自分に課した上で、さて、それでは北村さんの作品、あるいは芸術作品一般に、具体的にはどう向き合えばいいのか。そんなことを漫然と考えまして、まとまらない話ですが、そろそろ時間ですね。(拍手)

＊「渡り歩き」は雑誌「草思」一九九九年五月創刊号から翌二〇〇〇年四月号まで連載。「箸休め」は一九九四―九八年、「正論」「中央公論」「点」「スペッキヲ」その他に掲載。「雑談」の「あるインタビューから」は「出版ダイジェスト」一九九八年六月十日号に掲載。加筆、整理。インタビュアーは草思社編集部。「毒蛇の袋」は一九九八年十月の「北村太郎の会」での講演。同会のパンフレットに掲載。加筆。

岩田宏著書

独裁（一九五六）
いやな唄（一九五九）
頭脳の戦争（一九六二）
グアンタナモ（一九六四）
岩田宏詩集（一九六六）
最前線（一九七二）
同志たち、ごはんですよ（一九七三）
社長の不在（一九七五）
いただきまする（一九七八）
蛇と投石（一九八一）
踊ろうぜ（一九八四）
ぬるい風（一九八五）
なりなむ（一九八七）
息切れのゆくたて（一九九〇）
カヨとひろ子（一九九二）
雷雨をやりすごす（一九九四）
九（ここの）（一九九八）

アネネクイルコ村へ（二〇一一）
マヤコフスキー事件（二〇一三）
岩田宏詩集成（二〇一四）
続・岩田宏詩集（二〇一五）

＊本書は、二〇〇一年に当社より刊行した著作を文庫化したものです。

草思社文庫

渡り歩き

2019年2月8日　第1刷発行

著　者　岩田　宏

発行者　藤田　博

発行所　株式会社 草思社

〒160-0022　東京都新宿区新宿1-10-1
電話　03(4580)7680(編集)
　　　03(4580)7676(営業)
　　　http://www.soshisha.com/

本文組版　有限会社 一企画

本文印刷　株式会社 三陽社

付物印刷　株式会社 暁印刷

製本所　株式会社 坂田製本

本体表紙デザイン　間村俊一

2001, 2019 © Sachiko Ogasawara

JASRAC　出　181227042—01

ISBN978-4-7942-2379-1　Printed in Japan